Prise
deparole

Éditions Prise de parole
205-109, rue Elm
Sudbury (Ontario)
Canada P3C 1T4
www.prisedeparole.ca

Nous remercions le gouvernement du Canada, le Conseil des arts du Canada, le Conseil des arts de l'Ontario et la Ville du Grand Sudbury de leur appui financier.

L'auteure et la maison d'édition remercient le Fonds de recherche de l'Université Laurentienne pour sa contribution à la publication de cet ouvrage.

Perspectives créoles sur l'identité et la culture franco-ontariennes

Essai sur une prise de parole

DE LA MÊME AUTEURE

avec François Dépelteau (dir.), *Le Bélarus. L'état de l'exception*, Sainte-Foy, Presses de l'Université Laval, 2003.

avec Tim Nieguth and François Dépelteau (dir.), *Investigating Shrek: Power, Identity and Ideology*, New York, Palgrave-Macmillan, 2011.

Aurélie Lacassagne

Perspectives créoles sur l'identité et la culture franco-ontariennes

Essai sur une prise de parole

Postface de Jean Marc Dalpé

Essai

Éditions Prise de parole
Sudbury 2017

Œuvre en première de couverture : Mariana Lafrance, *Seuil*, aquarelles
et photographie numérique, janvier 2017
Conception de la première de couverture : Olivier Lasser

Accompagnement et édition : denise truax
Révision linguistique : denise truax
Infographie : Camille Contré
Correction d'épreuves : Lisa Pujol et denise truax

Tous droits de traduction, de reproduction
et d'adaptation réservés pour tous pays.

Copyright © Ottawa, 2017

Diffusion au Canada : Dimedia

Catalogage avant publication de Bibliothèque et Archives Canada
Lacassagne, Aurélie, auteur
Perspectives créoles sur la culture et l'identité franco-ontariennes : essai sur une prise de parole / Aurélie Lacassagne.
Comprend des références bibliographiques.
Publié en formats imprimée(s) et électronique(s).
    ISBN 978-2-89423-951-3 (livre imprimé).
    – ISBN 978-2-89423-790-8 (PDF).
    – ISBN 978-2-89744-049-7 (EPUB)
1. Canadiens français–Ontario–Identité ethnique. 2. Ontario (Nord-Est)–Identité ethnique. 3. Littérature canadienne-française–Ontario–Sudbury–Histoire et critique. I. Titre.
    FC3100.5.L33 2017   305.811'40713   C2017-901197-9
                                                                                                    C2017-901198-7

À Michel Dallaire

*On est trop exigeant à dix-sept ans; on a lu trop de livres;
on mesure dédaigneusement ses maîtres à l'échelle de ses écrivains préférés.*
Alexandre Vialatte

*L'assimilation c'est comme
l'Alzheimer
ça pardonne pas.*
Patrice Desbiens

Remerciements

C'est toujours un peu une mission impossible, casse-gueule, de souligner le fait qu'un ouvrage n'aurait pu avoir lieu sans une très longue liste de personnes. Mais il faut bien tenter le coup alors voici. Merci à :

Robert, le poète génial, le voisin humain dans son jardin, paysage de paix assez relative, sans toi je ne serais pas restée à Sudbury, sans toi je ne serais pas restée tout court, tu m'accompagnes tous les jours ;

À Prise de parole, denise, Stéphane, Alain et Chloé, pour votre soutien, vos commentaires, votre travail, votre dévouement, vous êtes l'incarnation de l'esprit du Nouvel-Ontario ;

À Mariana, qui a accepté de réaliser une couverture exceptionnelle, pour ta candeur, tes œuvres si inspirantes, *Patterson connection for ever* !

À la gang de fous de brasseurs de cage de taGueule ! (Daniel Aubin, Michel Dallaire, Michel Laforge, Christian Pelletier, Félix Théorêt, Patrick Wright) ;

À Éric et Sylvie, pour votre soutien inconditionnel même quand ce n'était pas bon ;

À Isabelle pour le chalet à Mattawa, lieu propice à l'écriture... entre autres... ;

À Daniel, pour ton amitié, pour avoir supporté mes hauts et surtout mes bas ;

À Jean Marc pour ton indéfectible joie de vivre, pour être mon Rabelais d'*icitte*, pour m'avoir sortie de ma torpeur chaque fois qu'il le fallait ;

À mes deux amours, Marianne et Alexane, pour votre force, votre intelligence, votre beauté, votre résilience. L'une est née à Sault-Sainte-Marie, l'autre à Sudbury, depuis votre plus jeune âge, vous vous êtes définies comme franco-ontarienne, canadienne, québécoise et française, tout cela en même temps et sans problème ; comme francophone quand vous parliez français et anglophone quand vous parliez anglais, *that's the spirit, girls* ! Ce livre est pour vous, pour que vous continuiez à vous épanouir, à réaliser vos rêves, pour que jamais vous ne vous sentiez *pognées* dans le trou *somewhere* au milieu de nulle part, que vous osiez vous aventurer à travers les océans. Dansez, vivez comme si le monde vous appartenait !

Trop long avant-propos

L'expérience migratoire pousse immanquablement un individu à s'interroger sur son identité. Ces interrogations et renégociations identitaires se situent dans des configurations sociales, culturelles et politiques plus ou moins complexes. Ce fut indéniablement le cas dans mon parcours migratoire. Quand on naît en France, ancienne puissance coloniale et empire déchu se considérant toujours comme le « phare du monde », et que l'on fait déjà partie de la majorité – à cause de son patronyme, de sa langue maternelle, de la couleur de sa peau – la question de l'identité ne se pose pratiquement pas. La transition, donc, vers un nouveau statut de minorisation n'en sera que plus complexe et le choc plus grand. Je débarque à Sault-Sainte-Marie en 2001, mariée à un Québécois. J'y rencontre une minorité francophone qui se définit alors comme *française*, ou canadienne-française. D'où le premier choc : le vocable français revêt désormais deux définitions, recouvre deux réalités, deux cultures, très différentes à mes yeux. Le deuxième choc est linguistique : parler français est exclu à Sault-Sainte-Marie, situation qui m'est d'autant plus incompréhensible puisque je viens de passer un an de pérégrinations entre le Bélarus et l'Azerbaïdjan, où les chauffeurs de taxi aimaient me déclamer du Victor Hugo... en français. L'infâme résolution sur l'unilinguisme de la ville a beau dater de 1990, l'ambiance anti-francophone y est palpable. Je découvre le racisme « dans l'autre sens ». Je le connaissais bien en France, le racisme que les membres de la majorité – à laquelle j'appartenais – faisaient subir aux « Autres » (les Noirs, les Arabes, les Juifs, les Manouches) ; mais je n'y avais jamais été confrontée dans aucun des pays où j'avais vécu (sauf à Londres, l'autre métropole impériale). Le troisième choc provient de la réalité autochtone profondément ancrée dans cette ville. Une réalité historique qui m'était jusqu'alors inconnue se révèle, celle des écoles résidentielles. Réalité incontournable, puisque j'enseigne à Algoma, dans les bâtiments mêmes d'une ancienne école résidentielle que certains de mes étudiants ont « fréquentée ». Malgré l'évidence matérielle, expérientielle qui m'entoure, de façon générale, je sens un effacement, un déni total de la part de la population. Or, j'appartiens à la génération de Français qui a vécu la première grande construction mémorielle, constituée autour de la Shoah; cette expérience rend d'autant plus incompréhensible l'attitude canadienne.

Je dois avouer que les trois années passées à Sault-Sainte-Marie n'ont pas été propices à une grande réflexion identitaire, primo, parce que les chocs se sont révélés trop grands pour que je parvienne à y faire face de manière un peu plus détachée; deuxio, parce qu'alors la lutte pour la survie m'apparaissait comme la seule issue possible, d'où très rapidement mes premiers engagements communautaires (au Centre francophone, à l'Association canadienne-française de l'Ontario et au Centre Victoria).

Mon arrivée en 2004 à Sudbury change la donne. J'y découvre un nouveau vocabulaire, une nouvelle identité proclamée par les francophones de la ville minière: celle des franco-ontariens (honnêtement, je ne me rappelle pas avoir entendu les francophones du Sault utiliser ce mot). Très vite, je suis attirée vers cette communauté. J'aurais certes pu *me tenir* avec la communauté anglaise, la petite diaspora française, voire avec les Ukrainiens. Le choix n'a pas été naturel. Il ne peut l'être quand on a toujours tenu pour acquis sa langue. Il ne l'est jamais quand on est immigré: on peut s'assimiler à la majorité, se renfermer sur soi ou s'intégrer à une autre minorité.

J'ai embrassé la troisième option après quelques années. Ce choix est l'aboutissement de rencontres, de lectures, de tensions et de perpétuelles interrogations. Cet attrait, qui se transformera vite en enthousiasme, est dû, je crois, à trois éléments. Tout d'abord, une rencontre improbable, hasardeuse, décisive, avec Robert Dickson, poète, professeur et grand animateur de la communauté sudburoise, dont je me retrouve tout bonnement la voisine. Puis, et cela découle de ma rencontre avec Robert Dickson, la découverte de la littérature franco-ontarienne. Il y a un déclic qui se fait, là. Quand je lis la poésie de Dickson et de Patrice Desbiens – poète natif de Timmins, qui a publié des dizaines de recueils de poésie depuis plus de quarante ans ; exilé à Montréal, admiré de la critique comme des médias, il est resté un poète franco-ontarien –, *ça me parle*, j'aime ça. Traumatisée par les commentaires de textes hebdomadaires qu'il m'avait fallu écrire à l'école sur des poèmes – de littérature classique française – parfois abscons et souvent incompréhensibles ; et peut-être encore plus traumatisée par les notes de ces hussards noirs de la République française qui nous faisaient avaler les parnassiens comme de l'huile de foie de morue, j'avais cru jusqu'alors que je détestais la poésie.

Mon inscription en Ontario français part donc d'une découverte, celle d'une poésie lisible, agréable, drôle, percutante, indignée, désespérée, engagée ; d'une question – pourquoi *ça vient me chercher* ? – ; et d'une tension entre culture française « majeure » et culture franco-ontarienne « mineure ». Ce qui me plaît avant toute chose, c'est *l'engagement*, le caractère fondamentalement émancipateur, résistant, politique de ces pages que je dévore. Toute culture est politique, mais il y en a peut-être qui le sont plus que d'autres, et c'est certainement le cas d'une certaine culture franco-ontarienne. Mes vingt années en France, je ne les avais pas passées dans la culture mais dans la politique, tradition familiale oblige ; à Sudbury, les deux fusionnaient, pour mon plus grand plaisir.

Ce long détour biographique permet de contextualiser le cheminement qui a abouti à l'écriture de cet essai – depuis les tâtonnements expérientiels et personnels jusqu'aux réflexions plus théoriques et d'ordre collectif.

Cet essai cherche modestement à présenter, dans un premier temps, les perspectives théoriques qui ont animé mes réflexions et qui, je l'espère, contribueront à mieux nous situer dans la société où nous vivons. Dans un deuxième temps, je dresse un bref état des lieux du

Nouvel-Ontario, en m'attardant notamment au financement des arts, aux changements intervenus au sein de ses organismes culturels et à leur professionnalisation. Ce, afin de dégager les conditions matérielles et structurelles de la production artistique. Dans un troisième temps, au travers de l'analyse de certains discours poético-politiques, je cherche à mettre en valeur une nouvelle prise de parole qui dessine une nouvelle identité dans la communauté culturelle du Nouvel-Ontario.

Outre les objectifs thématiques que je viens de décrire, je me suis donné un objectif sur la forme : produire un essai où plusieurs voix coexisteraient et où les disjonctions de fond, de forme et de ton n'enlèveraient rien à la cohérence du propos.

Plusieurs voix – celles de la scientifique, de la lectrice, de la citoyenne impliquée dans la Cité – cohabitent donc. J'y tiens, à ces trois voix qui s'entremêlent et provoquent des disjonctions de tons parce qu'ensemble, elles engendrent une prise de parole peut-être unique en son genre. Cela ne signifie pas qu'il n'y a pas d'unicité dans le questionnement, bien au contraire. Une des prémisses de l'approche des *cultural studies* retenue – nous y reviendrons – repose sur l'idée de l'intellectuel organique, c'est-à-dire sur la nécessité pour un penseur de participer concrètement aux luttes politiques, sociales, culturelles et économiques par l'élaboration d'une réflexion sur les conditions de production de la culture.

Cet essai s'adresse donc à toute personne intéressée à réfléchir sur la situation actuelle du Nouvel-Ontario, à ceux qui souhaitent *brasser la cage* et penser notre « avenir possible ». Le lecteur devra certes accepter certaines ruptures dans le ton, un ton parfois universitaire, occasionnellement plus pamphlétaire et polémique. À titre d'exemple, j'ai choisi de garder certaines expressions de *chez nous* (indiquées en italique dans le texte). Ce parti-pris, qui ressort d'une démarche intellectuelle réfléchie, relève également du biographique. Je suis immigrante, qui plus est de France. Même si beaucoup d'entre vous m'ont acceptée d'emblée dans le Nous, je sais que pour certains je demeure une Autre. Les insertions de *joual* franco-ontarien, pour employer le terme d'André Paiement, se déploient donc comme une arme à ma disposition (la seule dont je dispose) pour affirmer mon engagement à faire partie du Nous ; alternativement, elles sont une bouteille jetée à l'océan pour dire « Arrêtez de me parler en anglais parce que vous avez honte ! Arrêtez de vous excuser de votre français ! Et surtout arrêtez de me parler de mon accent parisien parce que là, pour le coup, c'est vraiment insultant ! » Au fond, ces colorations langagières illustrent particulièrement bien notre façon de parler au quotidien : On fait attention à l'école au « bien parler » ; on mélange un peu tout avec mémère ; on parle anglais et français (un peu) avec nos amis ; on parle anglais dès qu'un anglophone pointe le bout du nez.

L'autre type de disjonction rencontrée dans cet ouvrage a trait aux formes. Des textes de vulgarisation scientifique côtoient des textes engagés où je laisse libre cours à la citoyenne s'exprimant sur un ton plus cru. J'ai, par exemple, intégré de courts billets qui ont été publiés sur le webzine taGueule.

La présence assumée, revendiquée, des ruptures de ton et de forme sert à marquer la cohérence entre mon discours et la pensée de la créolisation qui m'a fortement inspirée pour la rédaction de ce livre et sur laquelle je reviendrai ultérieurement. Pour Édouard Glissant, un des grands poètes et penseurs de la Caraïbe, les disjonctions sont une des caractéristiques inhérentes à la créolisation. Je réitère donc que l'adéquation entre la forme et le fond m'apparaît primordiale et qu'au final, cet essai sert aussi à affirmer une forme de créolisation intellectuelle en faisant trois choses. Il rejette les frontières entre savoirs scientifiques, savoirs citoyens, savoirs communautaires. Ensuite, il décloisonne les identités – scientifique, intellectuelle, citoyenne, individuelle –, car le savant, l'intellectuel, tout comme le poète ont, depuis l'Antiquité grecque, à assumer un rôle spécifique au sein de l'Agora, celui de prendre la parole publiquement. Enfin, cet essai met à bas les murs hermétiques des disciplines (science politique, littérature, sociologie, histoire). Tout cela ne pouvait passer que par un nouvel essai – de style disjoncté.

Après avoir exposé les objectifs de cet ouvrage, il me reste à cerner deux éléments, à savoir l'accent mis sur le Nouvel-Ontario et le choix limité des textes abordés et des organismes étudiés. Disons-le d'emblée, je ne prétends aucunement ici parler de la francophonie ontarienne. Celle-ci est vaste, complexe, aux histoires et contextes fort différents, au point qu'il serait difficile de discerner « une » identité franco-ontarienne qui s'appliquerait à l'échelle de la province ; tout au plus existe-t-il une identité linguistique, de *francophone*, et qui elle non plus n'est pas homogène, qu'il s'agisse par exemple de sa langue maternelle ou de la langue héritée de relations coloniales. Je focalise en conséquence sur le Nouvel-Ontario, sachant que ses frontières sont floues (le Nord-Est ontarien s'arrête-t-il au sud de Sudbury ou en Huronie ? Sturgeon Falls en fait partie, mais plus loin, passé North Bay, arrivé à Mattawa, est-ce encore le Nouvel-Ontario ou sommes-nous aux marches de l'Est ontarien ?). Je suis consciente également que le Nouvel-Ontario est un espace immense et que Hearst et Sudbury sont deux communautés distinctes. Autrement dit, cet ouvrage est fondamentalement sudburocentrique.

Un nombrilisme sudburois donc – comme il en existe un montréalais, ottavien, kapuskois (demandez-le aux gens de Moonbeam !) –, qui s'explique de façon pratique et théorique. Du point de vue pratique, il aurait fallu traiter un corpus littéraire immense et étudier une myriade d'organismes si on avait voulu parler tout à la fois d'Ottawa, de Toronto et de Sudbury. Une entreprise collective et non celle d'un individu. Du point de vue théorique, il s'agit d'assurer une cohérence dans la perspective des *cultural studies*. Stuart Hall, son fondateur, aime à répéter que la culture s'ancre toujours dans un lieu. Le lieu, celui d'où l'on prend la parole, est en partie constitutif de la culture et donc de l'identité. Or, je parle de Sudbury. J'habite cette ville comme elle m'habite et je ne me sens pas habilitée à parler au nom d'autres communautés. Ceci explique donc le recours limité au corpus littéraire franco-sudburois, et de façon plus restrictive encore, principalement aux œuvres de Patrice Desbiens, de Jean Marc Dalpé et de Daniel Aubin. D'autres œuvres – de Michel Ouellette, Doric Germain, Michel Dallaire ou Robert Dickson, pour ne citer qu'eux – sont ancrées dans le Nouvel-Ontario. Mais pour étayer mon propos, j'ai choisi les œuvres qui m'apparaissaient les plus politiques. Certains recueils – je pense à *L'homme invisible/The invisible man*, *Poèmes anglais*, *Sudbury*, *Gens d'ici*, *Néologirouettes* –, constituent selon moi de véritables points de rupture. Elles font bouger les lignes de démarcation identitaires ; elles sont – plus que d'autres – productrices d'identités, lieu de production et/ou de contestation d'un Nous sudburois, ou, pour être très précise, du Nous franco-sudburois qui m'intéresse. J'utilise abondamment certains discours poétiques et dramatiques pour réfléchir sur notre identité car, en tant que pratiques politiques, ils produisent et construisent notre identité. Cela est d'autant plus vrai dans le Nouvel-Ontario où, en dehors de nos poètes et de nos institutions culturelles, nous ne disposons pas d'institutions politiques ou économiques puissantes capables de mettre en place une stratégie d'énonciation collective du Nous, pour exprimer et façonner notre identité.

De la même façon, quand j'examine des institutions culturelles franco-ontariennes, je me réfère aux institutions sudburoises. Bien qu'Ottawa et l'Est ontarien jouent un rôle politique prépondérant (de par leur proximité avec le pouvoir central, l'existence d'une bourgeoisie proprement francophone et leur poids démographique), dans les années soixante-dix, quand il va s'agir de façonner une nouvelle identité, de prendre la parole, c'est largement en périphérie – à Sudbury – que cela va se réaliser. Le Nouvel-Ontario s'est affirmé comme un pôle majeur d'un renouveau identitaire et culturel franco-ontarien. Sa situation, de périphérie, donc de marge, a sûrement été une des conditions qui a rendu possible une prise de parole radicale, qui a non seulement fait voler en éclat les vieilles identités, mais a également proposé une identité radicalement *flyée*, hybride, créolisée, et inclusive.

❖

Robert

Transhumance des corps
Minsk, ville massacrée sous les coups de marteau
du moujik géorgien
Sudbury, ville massacrée sous les coups de marteau
de mineurs anonymes
Il sent l'alcool et la cigarette
il tient un vase de fleurs sauvages
il habite la maison jaune et bleue
celle de la grosse roche noire
enceinte de sainte Poésie
De l'âme de la poésie russe
récitée comme le Kaddish
à l'âme désâmée de Desbiens
je rêve de Sudbury
ville qui cultive à s'enlaidir
Jardin de curé
vénéré comme une madeleine de Proust
dans les entrailles de cette ville
jaillit la slague
jaillit en anglais, en français, en franglais
Je lis
j'ai mal
ville qui me rentre dans les entrailles
poésie qui me perce les entrailles
identité qui s'attache à mes entrailles

Oréalité
la poésie parle
avant de s'écrire.

Il est parti.

On a bu
on a ri
elle a dessiné la maison jaune et bleue
des bleus j'en ai plein de cœur
Un commencement, un recommencement
affirmation de qui je suis
DEVENUE.

Poésie le soir
vue sur son jardin
les bleus saignent rouge.
Des rêves fous
un désir fou
de recréer une cuisine de la poésie.
La grosse roche noire
enceinte de sainte Poésie
a trouvé son père.
Grâce à lui, aux quatre coins,
notre avenir est
possible.

I – Prolégomènes (vraiment longs)

Cultural studies :
prendre la parole à partir d'un lieu

Le terme *cultural studies* ne se laisse pas traduire aisément. Il recouvre à la fois une pensée, une approche, des partis pris théoriques auxquels le terme « études culturelles » ne suffit pas. Tout part d'un petit groupe de professeurs à l'Université de Birmingham (Angleterre) qui, dès les années soixante, créent un *Centre for Contemporary Cultural Studies*. L'approche se veut résolument interdisciplinaire même si elle convoque particulièrement les études littéraires, la linguistique, l'étude des médias et des communications, et la philosophie (surtout la sémiotique). Elle se tiendra longtemps éloignée de la boîte fourretout que constituait déjà la sociologie. Du point de vue théorique, les *cultural studies* vont s'orienter vers les approches néomarxistes, féministes et postcoloniales. Il s'agit pour ces penseurs de s'intéresser aux cultures auxquelles l'université, à l'époque, ne s'intéressait pas. Ils rejettent l'idée de Culture, avec un C majuscule, et optent pour les cultures dites populaires, ou marginalisées – celles des banlieues, des ouvriers, des colonisés[1]. Ils cherchent à déceler comment les relations de pouvoir – qu'elles soient politiques, économiques ou hétéropatriarcales – influencent ces cultures, et

---

[1] On retrouve la même idée chez François Paré quand il opère une distinction entre la Littérature (celle institutionnalisée, enseignée) et les *autres* littératures (*Les littératures de l'exiguïté*, Ottawa, Le Nordir, 2001).

comment ces dernières résistent aux discours hégémoniques, hétéronormés et racialisés de la Culture.

Un exposé plus approfondi des *cultural studies* n'aurait pas sa place dans cet ouvrage. Toutefois, un des fondateurs de cette école de pensée, Stuart Hall, a été traduit en français et le lecteur qui voudrait aller plus loin peut s'y référer[2]. Ce que je souhaite présenter ici, c'est comment cette approche peut nous aider à mieux comprendre la dimension fondamentalement politique et émancipatrice de la littérature et de la culture franco-ontariennes telles qu'elles s'expriment dans le Nouvel-Ontario.

L'idée maîtresse des *cultural studies* est de déconstruire, dévoiler, critiquer la Culture comme espace hégémonique imposant des identités précises. En d'autres termes, la Culture est productrice et reproductrice de discours identitaires hégémoniques. Être dans une position hégémonique, c'est pouvoir maîtriser – pour un laps de temps plus ou moins long – un « théâtre particulier de lutte[3] ». Cela signifie que cette position n'est jamais acquise, qu'elle est toujours contestée. La Culture représente par conséquent un enjeu idéologique fondamental. Et, comme pour toute institution sociale, il s'agit d'un espace de confrontation. Partout, toujours, il y a des minoritaires pour avancer d'autres discours et essayer de combattre, de résister aux discours culturels hégémoniques. Il n'existe donc pas *une* Culture, mais des cultures.

Dans ces stratégies de résistance, la langue, le choix de la langue, joue un rôle fondamental. C'est pourquoi j'ai choisi des auteurs qui utilisent consciemment un « joual franco-ontarien[4] » (avec tous ses accents, subtilités et empreintes personnelles). Il s'agit d'un geste politique, de résistance tout aussi bien à l'assimilation à la langue anglaise, qu'à la domination d'un français standard qui ne nous représente pas, et qui nous exclut. Je reviendrai plus loin sur l'idée qu'il existe plusieurs langues

---

[2] Stuart Hall, *Identités et cultures. Politiques des cultural studies*, édition établie par Maxime Cervulle, Paris, Éditions Amsterdam, 2008 ; et Stuart Hall, *Identités et cultures 2. Politiques des différences*, édition établie par Maxime Cervulle, Paris, Éditions Amsterdam, 2013.
[3] Stuart Hall, *Identités et cultures. Politiques des cultural studies*, *op. cit.*, p. 66.
[4] Expression utilisée par André Paiement dans sa note en prélude à la pièce *Lavalléville*. André Paiement, *Les partitions d'une époque, vol. 2. Les pièces d'André Paiement et du Théâtre du Nouvel-Ontario (1971-1976)*, Sudbury, Prise de parole, 2004, p. 26.

françaises qui participent de ce nouveau mouvement du monde qu'Édouard Glissant nomme créolisation. Pour l'instant, rappelons-nous le manifeste *Molière Go Home*, publié anonymement en 1970 dans le *Lambda*, journal étudiant de l'Université Laurentienne de Sudbury, dans lequel on peut lire : « Je prends des cours universitaires de littérature où des profs européens s'acharnent à me déraciner en corrigeant ma prononciation, mon vocabulaire et ma pensée, et où ils achèvent de m'aliéner et de me dépersonnaliser[5]. » La langue permet donc de se représenter et, en soi, symboliquement, elle est en partie productrice d'une identité.

Cette école de pensée s'est attelée, parfois jusqu'à l'acharnement, à démonter les barrières disciplinaires, notamment en dénonçant la « fausse opposition entre littérature et sociologie[6] ». Il s'agit là, je crois, d'une percée fondamentale pour reconcevoir le travail de l'intellectuel. En effet, tant que l'université, lieu de création et de diffusion des savoirs, sera organisée sur des bases disciplinaires, la production (et la remise en cause) des connaissances sera limitée. Je suis venue à cette idée il y a quelques années, inspirée par les travaux d'Helmut Kuzmics et dont la pensée est parfaitement résumée dans l'extrait suivant :

> *Sociology has much in common with literature. Does this mean that we must give up all claims to scientific objectivity and verifiable attempts to approach the truth? Quite the contrary! We would, however, be well advised to examine carefully both the literature present in sociology and the sociology in the novel, to explicate them and scrutinize their descriptive content within the process of communication between author and public. The novel and "scientificated" sociology may gradually differ. They will not, however, differ so fundamentally that they would ever become estranged from one another. This may not be a bad thing for either sociology or literature*[7].

---

[5] Texte reproduit dans Gaston Tremblay, *Prendre la parole. Le journal de bord du Grand CANO*, Ottawa, Le Nordir, 1995, p. 21. Mon expérience ces dix dernières années à la Laurentienne m'indique que ce malaise est toujours bien vivant.

[6] Stuart Hall, *Identités et cultures. Politiques des cultural studies*, *op. cit.*, p. 44.

[7] Helmut Kuzmics, « Sociology as Narrative: Examples of Sociological Language in "Classic" Texts », dans Debra Hopkins, Jochen Kleres, Helena Flam et Helmut Kuzmics (dir.), *Theorizing Emotions. Sociological Explorations and Applications*, Francfort / New York, Campus Verlag, 2009, p. 116.

Cette idée fondamentale, de la littérature comme représentation sociale du monde mais aussi comme lieu de contestation des injustices, se trouve aussi chez Fernand Dorais, professeur, penseur et animateur de la scène culturelle franco-sudburoise des années soixante-dix, dans son étude sur les apports de la littérature :

> Ainsi le créateur s'insère-t-il dans l'institutionnalisation du Pouvoir et de la Censure pour les transgresser, les dénonçant et les réfutant. Mais toujours le créateur, pris dans et par son imaginaire, prend position pour le minoritaire en soi, sa dignité et sa fierté, proclamant l'autonomie absolue d'une liberté contre toute dépendance et tout ce qui s'essaie à bâillonner sa voix[8].

Cette idée, et cet usage de la littérature, font également écho à la pensée d'Édouard Glissant, qui, à la question « la poésie, à quoi ça sert ? », répond « [L]es œuvres modernes ont déjà répondu, de celle de Rimbaud à celle de Claudel ou d'Aimé Césaire : la poésie n'est pas un amusement, ni un étalage de sentiments ou de beautés. Elle informe aussi une connaissance, qui ne saurait être frappée de caducité[9]. » Tous ces penseurs affirment donc que les textes littéraires, les poèmes, les pièces de théâtre, les romans offrent des formes de connaissances et de savoirs sur une société donnée, sur le monde. On peut simplement les voir comme du divertissement, on peut aussi les étudier sérieusement.

En outre, en partie à cause de leurs affinités avec les marxismes, les *cultural studies* se préoccupent des lieux de production des différents discours culturels ; à savoir les conditions et le contexte dans lesquels ils s'élaborent. Une préoccupation partagée par François Paré, qui se penche sur « les conditions d'écriture, dans ce qu'[il a] appelé par ailleurs l'exiguïté de l'institution minoritaire[10] ». Cet aspect matériel de la construction identitaire revêt une importance décisive dans la mesure où il contraint le

---

[8] Fernand Dorais, *Le recueil de Dorais. Volume I – Les essais*, Sudbury, Prise de parole, 2011, p. 463.
[9] Édouard Glissant, *Poétique de la Relation. Poétique III*, Paris, Gallimard, 1990, p. 95. Les références à ce livre seront désormais notées comme PR suivi du folio dans le texte.
[10] François Paré, *Théories de la fragilité*, Ottawa, Le Nordir, 1994, p. 12.

processus de création discursive, artistique ou culturelle. Est-ce qu'on parle de Sudbury, d'Ottawa ou de Montréal ? Quels sont les rapports entretenus avec les institutions ? Est-ce que l'œuvre est une commande ? Est-ce que l'on travaille pour une institution ? Etc. Dans plusieurs passages de cet ouvrage, je me penche sur les institutions parce qu'elles jouent un rôle primordial dans ces luttes hégémoniques et contre-hégémoniques. Luttes contre-hégémoniques, ou plutôt anti-hégémoniques, lancées par le mouvement CANO (Coopérative des artistes du Nouvel-Ontario) durant les années soixante-dix et qui perdurent encore[11].

De plus, les *cultural studies* portent leur attention sur les questions reliées aux identités. Elles mettent de l'avant une vision dynamique et plurielle des identités, qui « ne sont jamais unifiées mais au contraire, dans la modernité récente, de plus en plus fragmentées et fracturées[12] ». Les identités sont des processus de construction historique en permanente transformation. Elles ne sont pas fixées pour l'éternité (même si l'Église a bien essayé !). Et elles se forment toujours en relation à l'Autre, ou à plusieurs Autres. C'est dans cette relation que nous nous créons une identité et que nous nous projetons dans l'avenir.

Finalement, les *cultural studies* sont intimement liées aux théories postcoloniales et donc à la dénonciation, à l'examen critique, précis et scientifique des discours et représentations hégémoniques qui ont construit et marginalisé les colonisés, les primitifs, les sauvages, les Orientaux, les exotiques, en un mot, les « sans culture » pour reprendre le mot de Lord Durham. Et surtout, surtout, les *cultural studies* révèlent comment cette incroyable machine à broyer les hommes que fut l'impérialisme a réussi à faire en sorte que des marginaux de tous poils intériorisent des identités imposées.

C'est dans ce méandre que repose notre schizophrénie collective ; schizophrénie parce que nous sommes à la fois le Nous et l'Autre ; à la fois le Franco-Ontarien et l'Anglais, le Québécois et le Français. Et ce Nous intériorisé, c'est un Nous dévalué et complexé par rapport à ces Autres. Et

---

[11] *Ibid.*, p. 13-16 pour aller plus loin.
[12] Stuart Hall, *Identités et cultures. Politiques des* cultural studies, *op. cit.*, p. 270.

la langue, notre langue, se pose comme l'instrument privilégié de cet asservissement et de ce complexe. Frantz Fanon l'explique parfaitement :

> [T]out peuple colonisé – c'est-à-dire tout peuple au sein duquel a pris naissance un complexe d'infériorité, du fait de la mise au tombeau de l'originalité culturelle locale – se situe vis-à-vis du langage de la nation civilisatrice, c'est-à-dire de la culture métropolitaine[13].

D'ores et déjà, pour nous les choses se compliquent, puisqu'avant de devenir des colonisés, nous avons été des colonisateurs ; et parce qu'il n'y a pas une ou deux métropoles avec lesquelles nous entretenons des rapports douloureux, mais quatre : Paris, Londres, Montréal et Toronto.

FERNAND DORAIS ET LES *CULTURAL STUDIES*

Si je m'attarde quelque peu sur les *cultural studies*, c'est que cette perspective est une source d'inspiration pour moi, comme elle l'a été pour Fernand Dorais, qui lui-même m'a inspirée. Ma démarche et certaines thématiques que j'aborde ne sont pas sans rappeler celles de ce professeur hors-norme, acteur incontournable mais également fin observateur de l'émergence du mouvement du Nouvel-Ontario. Arrivé à l'Université Laurentienne comme professeur de littérature en 1969, ce penseur jésuite s'engage et accompagne ses étudiants dans la remise en cause des normes établies, suivant ainsi le mouvement de la contre-culture. Or, Dorais critiquait lui aussi la notion de culture[14]. Les lecteurs familiers avec ses travaux entrapercevront peut-être certaines similitudes avec les analyses ici présentées ; ils se demanderont peut-être pourquoi, trente ans plus tard, quelqu'un viendrait ressasser *les mêmes vieilles affaires*. Je voudrais apporter trois éléments de réponse : le premier concerne notre situation de minoritaire ; le deuxième a trait à la prise de parole ; enfin, le troisième se rapporte à la responsabilité et au mensonge.

---

[13] Frantz Fanon, *Peau noire, masques blancs*, Paris, Seuil, 1952, p. 14. Fanon est une des références clés pour Fernand Dorais dans son essai anthropologique sur l'assimilation intitulé « Mais qui a tué André ? L'acculturation et les Franco-Ontariens », Fernand Dorais, *Le recueil de Dorais. Volume I...*, *op. cit.*, p. 189-206.

[14] Fernand Dorais, *Le recueil de Dorais. Volume I...*, *op. cit.*, p. 141-142.

Nous sommes toujours des minoritaires
Il n'est pas aisé, mais ce n'est pas inutile non plus, de poser la question suivante, à savoir si notre condition de minoritaire et de marginalisé a changé ces trois dernières décennies. Sans établir le catalogue exhaustif des acquis et des reculs enregistrés par la communauté, il s'avère que nous sommes une communauté minoritaire dont le poids démographique diminue en pourcentage et dont les taux d'assimilation restent élevés. Même si, depuis 1986, nous disposons de la Loi sur les services en français, peu de francophones demandent ces services et l'offre active relève du mythe. Plusieurs éléments symbolisent notre marginalité en Ontario : il n'existe toujours pas d'université de langue française dans la province alors que le Manitoba et la Nouvelle-Écosse ont fait avancer ce dossier ; les trois grands partis n'ont pas hésité, ces dernières années, à présenter des candidats unilingues anglophones dans la circonscription de Sudbury où 20 % de la population est francophone, preuve s'il en est du peu de poids que nous avons et du peu d'intérêt que nous suscitons. En somme, nous demeurons bien invisibles aux yeux de la majorité. Ce serait un leurre de croire que notre position dans la société ontarienne a profondément évolué en trente ans. On peut se féliciter du nombre de drapeaux hissés sur les mairies de villages (après de longues luttes !). Mais cela ne change rien aux faits, par exemple, que nous n'ayons pas de psychiatre francophone dans le Nord ; que nous n'ayons pas de maison d'hébergement francophone pour les femmes victimes de violence à Sudbury ; ou que le seul organisme francophone d'établissement des immigrants dans le Nord se soit vu retirer son financement par le gouvernement fédéral au profit d'un organisme dit bilingue. Certains rappelleront que nous avons obtenu la gestion de nos conseils scolaires et l'établissement de deux collèges de langue française, ce à quoi l'on pourrait rétorquer que, sans université, il n'y a pas de complétude institutionnelle. Si le fossé entre francophones et anglophones ontariens sur le plan de l'éducation s'est comblé, il reste béant. On est parti de tellement loin !

Il existe une nouvelle prise de parole

Dorais a longuement évoqué dans ses divers écrits la prise de parole d'une génération, celle des années soixante-dix, qui dans un contexte canadien d'implosion de l'identité canadienne-française, va inventer, au travers de l'art, une identité proprement franco-ontarienne; et qui, dans un contexte international de contre-culture, va dénoncer la marginalisation de la communauté tout en offrant des pistes d'émancipation. Or, il me semble qu'on discerne, depuis une quinzaine d'années, une nouvelle prise de parole à Sudbury, aspirant à affirmer une identité renouvelée dont il s'agira d'examiner les composantes. Dès à présent, on peut affirmer que cette reformulation ne s'inscrit pas nécessairement contre celle proposée dans les années soixante-dix. Je dirai qu'elle a su « tuer le père » de manière moins violente qu'un Patrick Leroux[15] l'a fait, par exemple, à Ottawa dans les années quatre-vingt-dix, et qu'elle assume donc une filiation tout en manifestant une originalité, notamment dans son rapport à la langue anglaise. Cette prise de parole, selon moi, participe à sa manière à une forme de créolisation, c'est-à-dire qu'elle est fluide, fait exploser les frontières (linguistiques, culturelles, artistiques, « ethniques »), qu'elle est résolument engagée dans le présent sans faire fi d'un passé revisité. Elle se dessine dans des espaces plus qu'elle ne s'ancre dans des territoires.

Mensonge institutionnel et mensonge affectif

Fernand Dorais dénonçait déjà en 1986 le mensonge institutionnel et le mensonge affectif[16]. Ce sont deux mensonges sur lesquels j'aurai l'occasion de disserter au fil des pages. Le mensonge institutionnel est fabriqué et véhiculé par de nombreuses institutions sur notre prétendue vitalité. Pour qui vit dans le Nord ontarien, la réalité de nos communautés ne laisse rien entrevoir de bien optimiste : baisse démographique, fermetures d'usines et donc de villages, taux d'assimilation élevés,

---

[15] Pour une réflexion de Leroux sur son acte parricide envers Jean Marc Dalpé, voir Louis Patrick Leroux, « L'influence de Dalpé », dans Stéphanie Nutting et François Paré (dir.), *Jean Marc Dalpé. Ouvrier d'un dire*, Sudbury, Prise de parole, 2007, p. 293-305.

[16] Fernand Dorais, *Le recueil de Dorais. Volume I...*, *op. cit.*, p. 467-468.

acculturation de masse par la consommation de « produits culturels » américains, manque criant de services. Au premier rang des accusés devrait se trouver le système scolaire, sa division en conseils publics et catholiques ; et ses écoles où l'on enseigne si peu nos poètes, romanciers, dramaturges ou chanteurs[17]. Mais la critique des écoles de langue française est taboue, elle reste cantonnée aux arrière-cuisines mais ne s'exprime pas sur la place publique. Dorais avait raison quand il disait que nous sommes complices de ce qui nous arrive. Nous en sommes responsables. Or, nous sommes en déni de cette réalité. Et c'est cela que les poètes de la nouvelle génération dénoncent, cette terrible habitude que nous avons de *collaborer* à notre propre malheur. Comme l'écrivait Roger Levac[18], le Franco-Ontarien est un « masochiste ».

Notre avenir collectif repose donc ultimement sur la parole de nos poètes car, en contexte minoritaire, l'art reste le seul espace de dénonciation à notre portée. Seule la parole de l'artiste demeure capable d'offrir une représentation émancipatrice de qui nous sommes et de ce vers quoi nous allons. Comme le rappelle Stuart Hall, les représentations sont entièrement constitutives des identités. Il faut donc agir sur elles :

> Ainsi, [...] la manière dont les choses sont représentées, ainsi que les « machineries » et régimes de représentations à l'intérieur d'une culture, ne jouent pas un rôle purement réflexif et rétrospectif, mais réellement constitutif. Cela donne à la question de la culture et de l'idéologie, et aux scénarios de représentation – la subjectivité, l'identité, la politique – une place non seulement expressive, mais aussi formatrice dans la constitution de la vie sociale et politique[19].

---

[17] Voir les extraits d'entretiens dans Diane Gérin-Lajoie, « Le rôle du personnel enseignant dans le processus de reproduction linguistique et culturelle en milieu scolaire francophone en Ontario », *Revue des sciences de l'éducation*, vol. 28, n° 1, 2002, p. 125-146. Par ailleurs, on peut se référer au curriculum officiel de la province pour le français en 11e et 12e années : aucune œuvre spécifique n'y est mentionnée ; le nombre d'œuvres à lire n'est pas fixé ; on y met sur un même pied d'égalité le roman et le téléroman parce que ce sont des textes narratifs ! (Voir p. 20) http://www.edu.gov.on.ca/fre/curriculum/secondary/francais1112currb.pdf.
[18] Roger Levac, *L'anglistrose*, Sudbury, Prise de parole, 1994, p. 32.
[19] Stuart Hall, *Identités et cultures. Politiques des cultural studies*, *op. cit.*, p. 289-290.

Littérature mineure

Gilles Deleuze et Félix Guattari ont proposé le concept de littérature mineure dans leur étude des œuvres de Franz Kafka[20]. Paru en 1975, leur ouvrage – un peu *flyé* et à tendance ésotérique, comme seuls les penseurs de cette époque pouvaient en produire – a marqué les esprits grâce à leur approche de la littérature mineure.

Une langue déterritorialisée

Qu'est-ce donc qu'une littérature mineure ? Deleuze et Guattari la définissent ainsi :

> [U]ne littérature mineure n'est pas celle d'une langue mineure, plutôt celle qu'une minorité fait dans une langue majeure. Mais le *premier caractère* est de toute façon que la langue y est affectée d'un fort coefficient de déterritorialisation. (K, 29)

Cette définition propose donc trois problématiques : la minorité, la langue, le territoire, les trois enchevêtrées dans une sorte de maelström dont il s'agit de s'extraire pour s'émanciper. On conçoit aisément que les Franco-Ontariens représentent une minorité. De la même façon, ils parlent une langue majeure, le français, qui est déterritorialisée à plusieurs égards. Le français parlé et écrit des Franco-Ontariens est déterritorialisé du français de la « mère-patrie », la France, qu'ils ont quittée il y a bien longtemps. Là où cela se complique, c'est que si le français est bien une langue majeure, au Canada elle n'est pas la langue de la majorité. En outre, dans l'imaginaire des Anglo-Canadiens, et peut-être aussi dans celui des Franco-Ontariens, et certainement dans celui des Québécois et des Français, la langue française parlée en Ontario n'est pas cette langue majeure, mais une sorte de français mineur car créolisé. Il s'agit bel et bien d'une langue déterritorialisée : Deleuze et Guattari citent l'exemple contemporain des « usages mineurs » de la langue

---

[20] Gilles Deleuze et Félix Guattari, *Kafka. Pour une littérature mineure*, Paris, Éditions de Minuit, 1975. Les références à ce livre seront désormais notées dans le texte comme K suivi du folio.

américaine par les Noirs américains (K, 30). Kafka a marqué l'histoire de la littérature mondiale pour plusieurs raisons, entre autres celle d'avoir écrit dans la langue allemande de Prague, considérée comme « pauvre » et « desséchée » (K, 34-35). Et il a réussi à la sublimer. Il aurait pu choisir la langue des grands auteurs allemands, de Gœthe et Schiller ; mais non, il a emprunté un autre chemin, il a pris cette langue – qui était la sienne mais pas tout à fait –, avec tous ses défauts et il a fait jaillir du bout de sa plume des textes grandioses. C'est, je crois, un parti-pris similaire que des auteurs comme Patrice Desbiens, Jean Marc Dalpé ou Daniel Aubin (jeune poète et comédien sudburois) ont adopté. Ils pourraient écrire en « français de France » ; pourtant, ils ont choisi d'embrasser une certaine « pauvreté » – les créolisations, les emprunts – du français quotidien, de le transcender et le transformer en quelque chose de beau sur le plan esthétique, de révolutionnaire sur le plan politique.

> Combien de gens aujourd'hui vivent dans une langue qui n'est pas la leur ? Ou bien ne connaissent même plus la leur, ou pas encore, et connaissent mal la langue majeure dont ils sont forcés de se servir ? Problème des immigrés, et surtout de leurs enfants. Problème des minorités. Problème d'une littérature mineure, mais aussi pour nous tous : comment arracher à sa propre langue une littérature mineure, capable de creuser le langage, et de le faire filer suivant une ligne révolutionnaire sobre ? Comment devenir le nomade et l'immigré et le tzigane de sa propre langue ? (K, 35)

Pour enseigner en anglais à l'Université Laurentienne et avoir de nombreux étudiants francophones dans mes cours, je peux témoigner de ce qui est explicité plus haut : non seulement ces étudiants maîtrisent-ils mal le français – raison pour laquelle ils choisissent souvent de prendre leurs cours en anglais – mais leur maîtrise de la langue dominante s'avère tout aussi problématique du point de vue grammatical que syntaxique. Ils sont effectivement des nomades à la recherche d'une langue pour communiquer mais surtout pour penser.

Tout y est politique

La deuxième caractéristique d'une littérature mineure est que « tout y est politique » (K, 30). On peut évoquer cet aspect en prenant l'exemple du théâtre. Les petites affaires familiales, tromperies, drames relatés dans le théâtre d'un Molière ont bien entendu une trame de fond politique et sociale, et ces différents éléments y sont tissés magnifiquement. Toutefois, en soi, l'avarice d'un Harpagon ou la liaison de Mariane et Valère ne sont pas politiques. Molière s'attaque, avant tout, aux travers des hommes, pas aux inégalités de pouvoir au sein de la société. En revanche, les relations familiales dans *Le chien*, et notamment la relation filiale, et la relation entre Vic et Eddy dans la pièce *Eddy*, sont intrinsèquement politiques. Les histoires familiales ne constituent pas le centre du propos ; c'est plutôt d'exploitation économique, d'oppression et d'humiliation sociale dont il est question, là, tout de suite, dès le début et jusqu'à la fin de l'histoire.

> La littérature mineure est tout à fait différente : son espace exigu fait que chaque affaire individuelle est immédiatement branchée sur la politique. L'affaire individuelle devient donc d'autant plus nécessaire, indispensable, grossie au microscope, qu'une tout autre histoire s'agite en elle. C'est en ce sens que le triangle familial se connecte aux autres triangles […]. (K, 30)

Dans la littérature mineure tout est politique, parce qu'elle est condition d'existence de la communauté même. Sans prise de parole, sans production d'une littérature mineure, notre littérature, nous n'existons pas comme communauté franco-ontarienne ; il n'existe pas de communauté culturelle constituant le Nouvel-Ontario. Certes, Shakespeare et Molière ont été profondément ancrés dans le politique et le social de leur époque, des auteurs engagés, pourrait-on dire[21]. Néanmoins, même s'ils ont eu un impact déterminant sur la littérature

---

[21] C'est d'autant plus vrai pour Shakespeare. Dans quasiment toutes ses pièces, il offre une description détaillée des régimes politiques en place et des différentes idéologies politiques existant à son époque. Mais il agit comme fin observateur des mœurs politiques de son époque, et non comme défenseur du peuple opprimé…

majeure de leur pays, sur leur société, ils n'ont jamais représenté les conditions existentielles de la nation anglaise ou de la nation française. En d'autres termes, même sans Shakespeare, l'Angleterre existerait, la nation anglaise existerait, la culture anglaise existerait, *La Littérature* anglaise existerait. Même sans Shakespeare, il y aurait eu des Chaucer, Marlowe, Byron, Yeats, etc. Sans Molière, il y aurait eu des Racine, Corneille, Marivaux, Voltaire, Beaumarchais pour incarner *Le Théâtre* français. En revanche, sans Paiement, Desbiens ou Dalpé, les Franco-Ontariens n'existent pas comme communauté culturelle et politique. Individuellement, nous aurions continué à exister, culturellement, nous aurions continué à être canadien-français. Politiquement, nous n'aurions ni le discours ni les institutions (fondées et animées par des artistes!) nous permettant d'articuler notre oppression et notre marginalité, et potentiellement un discours émancipateur. C'est la raison pour laquelle j'insiste ici sur les outils conceptuels qui peuvent nous aider à mieux saisir notre précarité et notre condition de minoritaire et, au fil des pages, sur les implications politiques de textes littéraires et leur importance dans la fabrique identitaire de nos milieux.

Une valeur collective

De là s'ensuit la troisième caractéristique de la littérature mineure : « [T]out prend une valeur collective » (K, 31). Quand un auteur prend la parole, cette parole devient automatiquement collective. Soulignons tout d'abord que le statut de minorité fait que les candidats à la prise de parole sont moins nombreux. En même temps, comme l'expliquent Deleuze et Guattari, cela permet d'éviter une littérature de maîtres, les affres d'une littérature majeure avec ses monstres sacrés, ceux enseignés dans les universités de par le monde[22]. Il suffit de se rendre à un lancement de livre ou de circuler dans les salons du livre de Sudbury et de Hearst pour s'apercevoir très rapidement que les personnes ont tendance à employer le Nous lorsqu'elles se réfèrent à un auteur. Il faut également observer la place que la création collective a prise dans la

---

[22] François Paré, *Les littératures...*, *op. cit.*, p. 108-115.

littérature franco-ontarienne : dès le début avec André Paiement et la troupe de théâtre de l'Université Laurentienne (fondement du TNO), démarche qui s'est poursuivie au Théâtre du Nouvel-Ontario durant les années quatre-vingt ; toujours à Sudbury, toutes ces années marquées par les spectacles improvisés, alliant musique et textes, de la Cuisine de la poésie, avec comme chef d'orchestre Robert Dickson ; plus récemment, et ce jusqu'aux années deux-mille, avec le collectif FFF créé en 2004, suivies des Productions Roches Brûlées en 2010, deux collectifs où les pièces s'élaborent de manière collective, sous la houlette de la cheffe d'orchestre Miriam Cusson.

Cette « fonction d'énonciation collective » (K, 31) que possède la littérature franco-ontarienne joue un rôle capital pour former la communauté, mais aussi et surtout pour politiser la communauté et accompagner le travail d'émancipation. Avant tout, la littérature est source de fierté, donnée rare dans une communauté marginalisée, dénigrée, souvent oubliée. La littérature donne à la communauté ce premier sentiment positif qui permet de penser la lutte.

Choix de langues

Je voudrais m'attarder sur les choix de langue, car cela me paraît déterminant, marquant les formes d'engagement des écrivains. La langue, ou peut-être serait-il plus judicieux de dire les langages créés par Desbiens, Dalpé, Aubin, Dickson dans certains poèmes, est extrêmement – et consciemment – travaillée. Nul doute que ces auteurs auraient pu écrire en *français langue majeure productrice de littérature majeure*. Or, ils ont fait le *choix* de partir de la langue telle qu'elle est utilisée par la communauté, d'assumer cette langue un peu bâtarde dont nous ne sommes pas fiers, une langue que nous cachons souvent en parlant anglais. Choisir cette langue donc, un geste politique autant qu'esthétique, et la rendre belle.

Michel Ouellette – dramaturge, romancier et poète prolifique de Smooth Rock Falls, récipiendaire du prix du Gouverneur général et professeur – offre un exemple parfait de ces choix conscients de langue. La langue utilisée dans sa trilogie *French Town*, *Requiem* et *La guerre au ventre* n'est pas du tout la même que celle du *Testament du couturier* ou, plus récemment, dans *ABC démolition*. Sa trilogie s'inscrit dans une démarche politique, elle parle de nous, du Nord ; elle révèle nos travers, nos peurs, nos doutes, nos difficultés, les conflits intergénérationnels spécifiques à notre identité, notre rapport tortueux à la langue.

Pour Dalpé, traducteur, quand on lui demande comment il approche l'art de la traduction, voici ce qu'il répond :

> Pour moi, fondamentalement, je traduis dans une langue franco-américaine, et il y a deux sources : le bassin du Saint-Laurent et l'Acadie. Une langue franco-américaine, c'est ça qui m'intéresse, ne pas traduire en français de France. Après je ne pense pas vraiment si je traduis en franco-ontarien ou en québécois. Ça va dépendre du texte d'origine. Mansel [Robinson] n'utilise pas la même langue dans *Spitting Slag* ou dans *Two Rooms*, alors moi non plus dans *Slague* ou dans *Il (Deux)*[23].

Dalpé, par ce parti pris, vient confirmer qu'il existe des langues françaises et que « [c]'est donc un anachronisme, dans l'application des techniques d'apprentissage ou de traduction, que d'enseigner la langue française ou de traduire dans la langue française » (PR, 133).

Littérature franco-ontarienne : bref retour sur l'analyse de François Paré

François Paré, dans ses excellentes analyses de la littérature franco-ontarienne[24], s'appuie sur plusieurs concepts, dont ceux de littérature marginale, diasporique, d'exiguïté, de culture minoritaire, et d'itinérance. La poésie est pour lui une base essentielle à toute culture

---

[23] Conversation personnelle, décembre 2014. Ce positionnement de Dalpé n'est pas sans rappeler les mots de Glissant pour qui l'art de la traduction s'inscrit dans la pensée de la trace : « [L]'art de traduire nous apprend la pensée de l'esquive, la pratique de la trace qui, contre les pensées de système, nous indique l'incertain, le menacé, lesquels convergent et nous renforcent. Oui, la traduction, art de l'approche et de l'effleurement, est une fréquentation de la trace ». Édouard Glissant, *Traité du Tout-Monde. Poétique IV*, Paris, Gallimard, 1997, p. 28. Les références à cet ouvrage seront indiquées par TTM dans le texte suivi du folio.

[24] François Paré, *La distance habitée*, Ottawa, Le Nordir, 1994.

minoritaire, qui plus est si cette minorisation est linguistique[25]. C'est la raison pour laquelle il s'est évertué au fil de sa carrière à en analyser les discours et les représentations, non seulement du point de vue esthétique, mais avant tout dans leurs liens entre la condition politique de minoritaire et ses tourments identitaires.

Paré pose tout d'abord la littérature franco-ontarienne comme constituant une littérature marginale : Comment, de l'entrelacement des migrations individuelles et collectives, émerge une identité commune localisée aux marges, à la périphérie. Pour lui,

> [c]ette distance habitée (celle d'un sujet pleinement investi de la différence) est toujours fondamentalement créole, transformatrice, aliénante, désobligeante, puisqu'elle est à la fois le signe de l'éloignement et du rapprochement, de l'abandon et de la solidarité[26].

Marginale, la littérature franco-ontarienne l'est à bien des égards. Elle l'est par son lieu d'énonciation même, périphérique. Elle l'est parce qu'elle est marginalisée par les institutions littéraires (critiques, prix – faut-il souligner que Patrice Desbiens n'a jamais remporté de « grands » prix littéraires ! –, maisons d'édition) des grands centres. On lui fait peu de place dans les universités et les écoles. Enfin, elle l'est de par les personnages qui peuplent cette littérature, les paumés, les maganés, les ratés, les abîmés de la vie.

Pour Paré, « [l]es cultures minoritaires sont non seulement des cultures de résistance, elles sont aussi plus que jamais, malgré leurs conditions d'exiguïté et d'enracinement, des lieux de l'itinérance[27] ». Itinérance qu'il définit comme un « ensemble des pratiques de la dislocation [...] : pratiques du *shifting*, de la diglossie, de l'assimilation, du déplacement, du compromis et de la délégation de l'identité[28] ». Il s'agit d'une lutte avec soi-même et avec les autres. Nous sommes des itinérants, des nomades, des immigrants dans cet espace imaginaire qu'est le

---

[25] François Paré, *Les littératures...*, *op. cit.*, p. 135-136.
[26] François Paré, *La distance habitée*, *op. cit.*, p. 19.
[27] *Ibid.*, p. 27.
[28] *Ibid.*

Nouvel-Ontario, et ce jusque dans notre langue sur laquelle, souvent, nous trébuchons. Il s'agit de sortir du trou dans lequel on est *pogné*, de s'affranchir de l'exiguïté du territoire, du village, pour s'inventer un espace de liberté où, tel un itinérant, tel le nomade à la recherche de son identité, on peut errer, emprunter différents passages, peindre divers paysages. Il suffit de lire ou de relire les recueils de Patrice Desbiens ou les deux premiers recueils de Jean Marc Dalpé, ou, plus proche de nous, de Sonia Lamontagne ou d'écouter les chansons de Stef Paquette[29], pour entendre s'égrener le nom des villages du Nouvel-Ontario. Ce qui forme l'identité collective, ce sont les divagations, les pérégrinations des poètes dans cet espace d'infinis où tout devient possible, où l'on parvient à sortir de l'exiguïté (du trou, du manque institutionnel, des trous de langue) pour rentrer dans le futur. Ces errances sont d'autant plus possibles que, comme communauté minoritaire, nous sommes marqués du sceau de l'invisibilité[30]. Au fil de ces différents chemins, de ces routes[31], nous sommes emmenés à rencontrer l'Autre.

Paré insiste sur l'importance, sur la fonction essentielle du rêve de l'Autre comme questionnement sur et de la diversité, ce qui, en quelque sorte, fait de notre littérature une littérature diasporique. Les membres de la communauté sont toujours en transition; même quand ils sont *pognés dans leur trou à marde*, ils rêvent, ils naviguent – entre deux langues –, au sein des institutions majoritaires, condition de survie. Par conséquent, le migrant, l'immigrant peut s'insérer dans cette communauté en mouvance, en mouvement. Les expériences des gens d'ici et de ceux de là-bas récemment arrivés sont, à certains égards, analogues, et ce sur plusieurs plans: « [l]e rapport problématique à

---

[29] Stef Paquette, *Le salut de l'arrière pays*, APCM, 2010 [album musical].
[30] François Paré, *Les littératures...*, *op. cit.*, p. 176.
[31] Pensons à Kerouac, si proche de nos écrivains franco-ontariens par ses rythmes, son américanité, son rapport à la langue. Jack Kerouac, *Sur la route*, Paris, Gallimard, 1960 [1957 pour la version originale anglaise]. Paré rappelle également l'analyse de la conscience diasporique chez James Clifford, qui souligne l'homonymie entre « roots » et « routes ». Nos racines sont nos routes; la 11, la 17, la 144 sont pour les Nord-Ontariens aussi mythiques et aussi fondamentales que la 66 dans l'imaginaire américain par exemple. Voir François Paré, *La distance habitée*, *op. cit.*, p. 87-88.

l'espace, l'exclusion et la marginalisation, l'interpénétration des codes symboliques, la pluralité des allégeances identitaires et la méfiance à l'égard des structures et des hiérarchies[32] ».

Dans notre condition de minoritaire, « l'ouverture à la différence devient souvent une priorité idéologique absolue[33] ». Or, pour que cette ouverture ait lieu, on ne peut se rattacher à un récit mémoriel statique et exclusif, on ne peut se permettre un attachement nostalgique au passé. Si le passé est présent dans la littérature franco-ontarienne, il est toujours sublimé et assez vague pour être réapproprié par des écrivains originaires d'autres continents. Cette nécessité, impérieuse, est apparue clairement dès le début de l'aventure du Nouvel-Ontario : « [L]e nationalisme identitaire des années soixante-dix, du moins tel qu'il s'est exprimé dans le théâtre et la poésie, s'est employé à refuser systématiquement l'attachement stérile au passé et le repli sur soi[34]. » Cette ouverture naturelle à l'Autre définit ce que Paré appelle l'exiguïté. Elle nous emmène naturellement vers l'Autre, vers le monde[35].

Autrement dit, la littérature comble le trou béant laissé par le manque d'origine, en nous livrant représentations, signes et symboles qui permettent à la communauté de s'unir dans autre chose que l'humiliation et l'oppression. Ce manque caractérise la condition spécifique du minoritaire[36]. Et cette impossibilité de l'origine nous inscrit dans la coprésence avec les Autres, qu'il s'agisse d'autres cultures, d'autres périphéries, d'autres marginalités[37]. Notre culture de minoritaire se pose comme un maelström de cultures enchevêtrées (française et anglaise, mais aussi autochtones, métisse, québécoise, acadienne, américaine et francophones de par le monde). Notre culture est le produit de multiples articulations du Divers (de divers emprunts).

---

[32] François Paré, *La distance habitée*, *op. cit.*, p. 68.
[33] *Ibid.*, p. 32.
[34] *Ibid.*, p. 35.
[35] François Paré, *Les littératures...*, *op. cit.*, p. 70.
[36] François Paré, *Théories...*, *op. cit.*, p. 27. Voir aussi François Paré, *Les littératures...*, *op. cit.*, p. 63.
[37] Voir François Paré, *La distance habitée*, *op. cit.*, p. 24-25.

Elle est profondément hybride, créolisée et sa beauté (et son intérêt) naît de ce maelström.

Glissant ne dit pas autre chose quand il parle de prérequis du Divers. Il ne peut y avoir d'identité sans altérité (une identité se forme toujours en opposition à un Autre ; l'identité est intrinsèquement relationnelle, pas de Nous sans Eux). Et il souligne aussi le fait que la poétique représente un mode de transformation de l'histoire et des relations sociales. En d'autres termes, la littérature est actrice du changement social, surtout dans un contexte minoritaire ; elle permet d'intervenir[38] sur la grande scène du monde.

C'est pourquoi les histoires mémorielles font sans cesse l'objet de réinterprétation, de reconstitution car, comme l'écrit Paré :

> les références au territoire géographique ne véhiculent aucune fonction identitaire. Dispersés dans l'ensemble de la province, sans territoire évident où ancrer leur quête identitaire, les Franco-Ontariens se comportent ni plus ni moins comme toute autre communauté immigrante habitant l'Ontario. Le développement d'une identité franco-ontarienne au cours des vingt-cinq dernières années repose donc (miraculeusement) sur une réinterprétation discursive de la mémoire, d'où l'importance accordée à la littérature et aux autres formes d'expression symbolique, comme le théâtre et la chanson[39].

La mémoire n'est donc ni fixe ni statique mais espace de création, de réappropriation collective et individuelle. C'est d'ailleurs une affirmation forte du seul roman de Dalpé : « Parce que si les souvenirs sont les traces de ce qui s'est passé, la mémoire n'est peut-être qu'une fiction qu'on recrée avec le peu qui nous reste, une fiction qu'on recrée au présent et pour le présent[40]. »

Le nombre croissant d'immigrants francophones en Ontario, particulièrement dans le Centre–Sud-Ouest, renforce les discours

---

[38] Voir à ce sujet l'étude de Patrice Desbiens que fait Paré dans *Les littératures...*, *op. cit.*, p. 170.
[39] François Paré, *La distance habitée*, *op. cit.*, p. 163-164.
[40] Jean Marc Dalpé, *Un vent se lève qui éparpille*, Sudbury, Prise de parole, 1999, p. 32.

universalistes (aux thèmes humanistes, sans ancrage temporel ou spatial spécifique) de la littérature franco-ontarienne. Les notions de migrations, de voyages, de quêtes de l'Autre, si elles étaient déjà bien présentes notamment dans la poésie de Michel Dallaire[41], constituent désormais un thème-phare de la production littéraire en Ontario français.

Finalement, il me semble essentiel de souligner le caractère émancipateur d'une telle identité, fluide et créole. Car la marginalisation et la périphérisation représentent la condition même de la résistance et de l'émancipation. Les nouvelles voix de la littérature peuvent émerger rapidement et participer à l'histoire en marche, à la construction identitaire. L'avenir devant nous, c'est celui de la construction d'un « espace de culture[42] », parce que nous sommes d'ici et d'ailleurs et peut-être ni d'ici ni d'ailleurs. Nous ne sommes pas ancrés territorialement, nous ne sommes donc pas une nation ; chacun peut faire partie de cet espace de culture ; chacun peut y apporter sa pierre.

Créolisation

La créolisation comme réponse aux barbaries

Créolisation, hybridation, bâtardisation, métissages. Pendant longtemps ces mots ont revêtu une connotation péjorative. Les processus de décolonisation au vingtième siècle et la réappropriation par des peuples auparavant colonisés de leurs identités – forcément multiples, fluides et complexes – ont favorisé l'émergence d'un sens plus positif accordé à ces termes.

Selon moi, les processus de créolisation et de métissages ne sont pas à rejeter, à cacher, à nier, mais au contraire à embrasser, à porter fièrement. Tout part d'une évidence historique : à savoir qu'aucune nation, aucune culture, ne peut se dire homogène ou « pure ». De tout temps, les communautés humaines se sont rencontrées, ont échangé, se sont imprégnées les unes des autres, parfois – souvent même – par la force.

---

[41] Michel Dallaire, *L'écho des ombres*, Ottawa, L'Interligne, 2004 ; *Pendant que l'Autre en moi t'écoute*, Ottawa, L'Interligne, 2010.
[42] François Paré, *Théories...*, *op. cit.*, p. 30.

Récemment en France, un manuscrit que l'on croyait perdu, du grand historien Lucien Febvre, a été publié. Écrit peu de temps après la Seconde Guerre mondiale, l'ouvrage présente une étude historique des métissages, échanges, emprunts qui ont façonné la culture française, ses pratiques et ses modes de vie, et qui font, donc, de la nation française, une nation métisse. Febvre – un des plus grands historiens français du vingtième siècle – affirme, sans ambiguïté aucune, que les Français sont des sang-mêlés[43]. La critique et les lecteurs français ont largement boudé le livre – le discours ambiant en France, en ce début de siècle, s'orientant plutôt vers la « pureté de la race ».

Cette défense de la créolisation s'accompagne aussi d'un espoir : celui d'un monde cosmopolite pacifié dans lequel l'humanité serait Une dans ses différences. Ainsi, quand j'ai commencé à m'intéresser à l'identité et à la culture franco-ontariennes, j'ai voulu déceler les traces de ces créolisations qui permettent, quand elles sont acceptées et revendiquées, de façonner une communauté inclusive. À priori, la tâche était facile. Ne sommes-nous pas les héritiers, descendants d'Étienne Brûlé et des voyageurs, de ces Français qui « ont pris femme du pays », se sont mélangés aux Autochtones, mélangés physiquement (métissage) et culturellement (créolisation)[44] ? Les Autochtones ont grandement influencé la vie des Canadiens français[45]. À priori donc, tout ça semble bien simple. Sauf que l'Église, l'État colonisateur, le capitalisme sont passés par là. Et ils se sont appliqués, pendant trois siècles, à effacer toute trace de créolisation et de métissage, à imposer le discours mythique d'une « race française blanche et catholique ». Les relations troubles, le manque d'intérêt, et finalement l'abandon des Métis de l'Ouest par les Canadiens français en sont le symbole : l'histoire canadienne-française

---

[43] Lucien Febvre et François Crouzet, *Nous sommes des sang-mêlés. Manuel d'histoire de la civilisation française*, Paris, Albin Michel, 2012. (On remarquera que les éditeurs ont fait un clin d'œil à la série littéraire Harry Potter de J.K. Rowling, dont un des volumes s'intitule *Le prince de sang-mêlé*).

[44] Denys Delâge, « Essai sur les origines de la canadianité », dans Eric Waddell (dir.), *Le dialogue avec les cultures minoritaires*, Sainte-Foy, Presses de l'Université Laval, 1999, p. 29-51.

[45] Denys Delâge, « L'influence des Amérindiens sur les Canadiens français au temps de la Nouvelle-France », *Lekton*, vol. 2, n° 2, automne 1992, p. 103-191.

et québécoise aujourd'hui a glorifié Louis Riel et oublié Gabriel Dumont; on se souvient de Batoche, on ignore Battleford; on se remémore la pendaison de Riel en omettant celle de six guerriers cris et deux assiniboines[46]. Certaines œuvres de la littérature canadienne-française, en particulier les romans du terroir, ont servi d'armes d'imposition mentale, tout à côté des sermons du curé le dimanche du haut de sa chaire et de l'enseignement confié aux bonnes sœurs et aux frères dans les écoles. La situation des Premières Nations est bien évidemment encore plus difficile et sans commune mesure, eux qui, sous le régime des écoles résidentielles, ont perdu leur langue, leur culture, leur croyance, leurs liens familiaux – bref, un régime qui a entraîné une destruction sociale, politique et culturelle quasi totale, aux conséquences intergénérationnelles absolument dramatiques. Tout est donc à refaire.

Dans tous les cas de figure, le point commun, c'est l'impossibilité de revenir à une identité et à une culture originelles. On ne peut se les réapproprier qu'à partir du lieu d'où l'on parle, des conditions matérielles et immatérielles du présent. Aujourd'hui, le Canada des Voyageurs éveille en nous ce que l'Afrique évoque aux Caribéens : une trace mémorielle et parfois physique, quelque chose de lointain, perdu à jamais, mais qui demeure constitutif de qui nous sommes.

> Je cherche
> mon peuple et
> mon peuple
> me cherche. (Desbiens, *Poèmes anglais*, 41)

> et si je bois
> comme un trou
> c'est parce que
> je suis un trou
> un trou de mémoire
> où tout entre et

---

[46] Kah – Paypamahchukways (Wandering Spirit), Pah Pah-Me-Kee-Sick, Manchoose, Kit-Ahwah-Ke-Ni, Nahpase, A-Pis-Chas-Koos, Itka et Waywahnitch.

> rien ne sort.
> Je suis le poème
> qui fait peur à vos
> parents
> parce que je suis
> le poème que vos parents
> ont fait. (Desbiens, *Poèmes anglais*, 42)

Un premier constat : deux modèles identitaires se sont opposés. Un modèle repose sur une identité racine, une identité unique, qui va de pair avec l'idée de monolinguisme ; l'autre se fonde sur l'image du rhizome (plusieurs racines) qui s'accorde avec le multilinguisme, comme je le détaille un peu plus loin (voir page 47). Le modèle européen d'homogénéisation des identités a essaimé un peu partout sur la planète, et a imposé pendant longtemps une identité fondée sur une seule et unique racine (mythique !). Deuxième constat, notre identité – comme celle des autres peuples – est rhizomique, faite d'exils, d'errances et de mélanges. Elle est également multilingue ou, en tout cas, elle n'est pas monolingue, à l'image de la racine : « le dit de la Relation est multilingue » (PR, 31). Il s'agira donc de retrouver l'Autre qui est en nous, cela qui fait Relation. Il faudra faire imploser les dichotomies centre-périphérie ; dominant-dominé ; colonisateur-colonisé. Alors seulement, un monde, que j'appelle cosmopolite, pourra voir le jour.

Trois Amériques

Dans sa théorie de la créolisation, Édouard Glissant distingue trois Amériques : (i) la *Meso-America*, celle des peuples premiers ; (ii) l'*Euro-America*, celle des colons européens arrivés avec et imposant leurs us et coutumes, langues et cultures ; (iii) la *Neo-America*, celle de la créolisation, principalement constituée des descendants des esclaves africains. Ces trois Amériques s'enchevêtrent dans les paysages et territoires de la baie James au cap Horn. Glissant distingue également trois types de migrants : (i) le « migrant armé », soit les soldats fondateurs ; (ii) le « migrant familial », qui arrive avec son petit bardas dans l'espoir de se faire une nouvelle vie ; (iii) le « migrant nu », que l'on a obligé à migrer, qui arrive sans rien, après avoir traversé au fond de la calle d'un bateau négrier. Ce dernier n'aura donc que des « traces de mémoire » pour s'inventer un langage, une langue, une culture, des formes d'arts. « La pensée de la trace me paraît être une dimension nouvelle de ce qu'il faut opposer dans la situation actuelle du monde à ce que j'appelle les pensées de système ou les systèmes de pensée[47]. »

Par rapport à ces distinctions, où nous situons-nous ? Nous appartenons au type des « migrants familiaux », malgré le fait que nous avons depuis été mis à nu, dépossédés de notre langue, de notre culture par les rouleaux compresseurs de l'exode plus ou moins forcé (qu'il s'agisse du Grand Dérangement ou de l'immigration massive des Canadiens français aux États-Unis au début du vingtième siècle) puis de l'assimilation (qui fait des ravages depuis un siècle). Le point d'orgue de ce dénudement sera les États généraux du Canada français de 1969, alors que les dorénavant Québécois choisiront de faire leur bout de chemin tout seuls et qu'ils emporteront avec eux les institutions et le corpus littéraire canadiens-français. Un tournant majeur, puisque, à partir de cette date, les francophones d'Amérique prendront des chemins divergents. En 1966, Pierre Vallières avait publié un essai autobiographique, *Nègres blancs d'Amérique*[48], dans lequel il établissait un parallèle, critiqué avec raison, entre la condition des Noirs américains et celle des Québécois, en insistant sur l'exploitation, l'injustice, l'humiliation subies par les deux groupes.

À partir des années soixante-dix, grâce notamment à la Révolution tranquille, puis à la victoire du Parti Québécois, et avec le développement de l'État québécois qui subventionne et institutionnalise sa culture, les Québécois se sont extraits peu à peu de la condition de

---

[47] Édouard Glissant, *Introduction à une poétique du divers*, Paris, Gallimard, 1996, p. 17. Les références à cet ouvrage seront indiquées dans le texte par IPD suivi du numéro de page.

[48] Pierre Vallières, *Nègres blancs d'Amérique*, Montréal, Parti Pris, 1966. Je ne cautionne aucunement le parallèle établi par Vallières. En aucun cas, les Canadiens français n'ont eu à subir autant de racisme, de discrimination et de violences que les Noirs américains. Ils n'ont jamais été les esclaves des Britanniques. Reste cependant, je crois, une certaine affinité dans le fait d'être minoritaire ; de se sentir inférieur, exclu, marginalisé ; dans le fait de subir un certain racisme ordinaire et sournois agencé autour de stéréotypes bien ancrés.

« nègres blancs ». Ce qui n'est pas le cas des autres francophonies d'Amérique, qui demeurent dans cette condition, elle-même renforcée, paradoxalement, par la sortie du groupe majoritaire francophone (les Québécois) de cette même condition[49].

Les artistes seront les premiers à articuler cette condition, à la dénoncer, et ils se l'approprieront pour la transformer en discours émancipatoire. Ce processus se retrouve chez différents peuples : le dominé s'approprie le dénuement, l'insulte, le stigmate imposés par le dominant et l'utilise pour s'émanciper. On appelle cela la réappropriation, « *[t]he phenomenon whereby a stigmatized group revalues an externally imposed negative label by self-consciously referring to itself in terms of that label*[50] ». Ainsi, certains activistes autochtones se sont réapproprié le terme *Indien*, pour le transcender et positiver son usage ; des Noirs américains ont fait de même avec le terme *nègre* ; des associations de défense des gays utilisent le triangle rose des camps de concentration (et le mot *queer*, péjoratif au départ), etc.

Le mouvement du Nouvel-Ontario, la toute jeune littérature franco-ontarienne en voie de naître, va effectuer ce travail de réappropriation, en premier lieu en choisissant l'étang, milieu des grenouilles : « *Yes we are frogs and proud of it!*[51] ». Le recueil de Jean Marc Dalpé, *Gens d'ici*, est emblématique de ce processus de réappropriation :

> Nous sommes le travail à la chaîne chez G.M.
>
> Nous sommes les arracheurs d'arbres pour la *Chicago Tribune*
>
> Nous sommes l'histoire d'immigrants Cheap labour
>
> Nous sommes les Nigger-Frogs de l'Ontario

---

[49] Notons que la faute n'en revient nullement aux Québécois, au contraire, bravo à eux d'être parvenus à s'émanciper de cette condition.

[50] Adam Galinsky *et al.*, « The Reappropriation of Stigmatizing Labels: Implications for Social Identity », *Research on Managing Groups and Teams*, vol. 5, 2003, p. 221.

[51] Marie-Hélène Pichette, *Musique populaire et identité franco-ontariennes. La Nuit sur l'étang*, Sudbury, Société historique du Nouvel-Ontario et Prise de parole, 2001, p. 56.

> Nous qui avons la terre d'icitte dans le ventre
>
> la langue de l'autre toujours à l'oreille
> et la nôtre sur une corde à linge entre deux bières
>
> Nous qui avons été la chair à canon dans leurs guerres
>
> sommes la sueur à piasses dans leurs mines et leurs moulins à bois[52]

Cet extrait illustre non seulement le processus de réappropriation, il manifeste également une poétique créole, soit

> un langage qui tisse les poétiques [...]. Qu'est-ce que j'appelle une poétique ? Le conteur créole se sert de procédés qui ne sont pas dans le génie de la langue française, qui vont même à l'opposé : les procédés de répétition, de redoublement, de ressassement, de mise en haleine, de circularité. (IPD, 121)

Dans le même ouvrage, Glissant nous offre une très belle ode aux répétitions :

> Ce flux de convergences, qui se publie sous la forme du lieu commun. Celui-ci n'est plus généralité reçue, convenance sans fadeur – il n'est plus évidence trompeuse, abusant le sens-commun –, mais *acharnement et ressassement de ces rencontres*. Tout alentour, l'idée se relaie. Quand vous éveillez un constat, une certitude, un espoir, ils s'efforcent déjà quelque part, ailleurs, sous une autre espèce.
>
> Aussi bien la répétition est-elle, ici et là, un mode avoué de la connaissance. Reprendre sans répit ce que depuis toujours vous avez dit. Consentir à l'élan infinitésimal, à l'ajout, inaperçu peut-être, qui dans votre savoir s'obstinent.
>
> Le difficile est que l'entassement de ces lieux communs n'échoue pas en un bougonnement sans nerf – l'art y pourvoit ! Le probable : que

---

[52] Jean Marc Dalpé, *Gens d'ici*, Sudbury, Prise de parole, 1981, p. 88-92. Recueil dorénavant référencé dans le texte par son titre suivi du folio.

vous alliez à fond de toutes confluences, pour démarquer vos inspirations. (PR, 57)

La langue s'ouvre, devient un imaginaire, et un langage poétique et politique sur lequel se fonde l'identité.

Rhizome versus racine, culture composite versus culture atavique

Dans le cheminement de sa pensée, Glissant rejoint Guattari et Deleuze sur la notion de rhizome[53] et celle de racine :

> Gilles Deleuze et Félix Guattari ont critiqué les notions de racine et peut-être d'enracinement. La racine est unique, c'est une souche qui prend tout sur elle et tue alentour ; ils lui opposent le rhizome qui est une racine démultipliée, étendue en réseaux dans la terre ou dans l'air, sans qu'aucune souche y intervienne en prédateur irrémédiable. La notion de rhizome maintiendrait donc le fait de l'enracinement, mais récuse l'idée d'une racine totalitaire. La pensée du rhizome serait au principe de ce que j'appelle une poétique de la Relation, selon laquelle toute identité s'étend dans un rapport à l'Autre. (PR, 23)

À ces deux conceptualisations de l'identité, Glissant fait correspondre deux catégories de culture : les cultures ataviques qui correspondent à l'identité-racine et les cultures composites liées aux identités rhizomiques (IPD, 59). Les cultures ataviques ont en commun d'avoir une genèse, des mythes fondateurs qui ancrent « la présence d'une communauté sur un territoire » (IPD, 62). Les Canadiens français ont bien essayé, la « découverte », les mythes autour des Voyageurs. Seulement, avant qu'ils n'arrivent, qu'ils ne « découvrent », d'autres peuples habitaient ces territoires, « les cultures ataviques amérindiennes » (IPD, 61) que l'État canadien essaiera de rayer de la carte. Si les Canadiens sont arrivés avec une genèse et des mythes fondateurs, ceux de la culture atavique française, ces mythes d'outre-Atlantique sont ici déterritorialisés et

---

[53] Notion développée par Deleuze et Guattari dans *Mille Plateaux*, Paris, Éditions de Minuit, 1980.

décontextualisés. « Nos ancêtres les Gaulois », Saint-Louis, Jeanne d'Arc, quel sens cela peut-il revêtir au vingt-et-unième siècle à Sudbury ? Il faut donc bien admettre que la culture franco-ontarienne aujourd'hui est composite. Elle se créolise. Elle se réinvente. Elle se soucie moins du passé (et de sa permanente réinvention) que du présent et de l'avenir.

> Je mange ma blonde sur un
> divan déchiré tandis
> qu'elle lit *Pieds nus* dans l'aube
> et ma blonde pense que je la
> trompe avec mon passé
> mais je n'ai pas de passé.
> Je suis le pays de personne
> je suis un Canadien erreur
> errant le long des rues de
> Québec et
> j'ai une chanson dans le cœur et
> un chausson dans la gueule
> a song in the heart and a
> sock in the mouth et
> demain c'est la fête de ma blonde
> et
> la fête du Canada. (Desbiens, *Le pays de personne*, 122-123)

Le territoire du Nouvel-Ontario est important dans notre culture et notre littérature, mais c'est un territoire aux frontières floues et sur lequel vit une multitude reconnue, allant des Premières Nations jusqu'aux immigrants les plus récents. Mieux, c'est un lieu ; or « le lieu n'est pas un territoire : on accepte de partager le lieu, on le conçoit et on le vit dans une pensée de l'errance » (IPD, 105). Le territoire présuppose une appartenance exclusive (le territoire est conquis, exploité, national – il exclut) alors que le lieu suggère le partage et le passage, il rassemble et inclut.

Et surtout, surtout, l'importance de l'oralité. Les cultures ataviques sont obnubilées par l'idée de laisser leur marque, de prendre *racine*, et elles privilégient donc l'écriture. En revanche, les cultures composites, créolisées, s'articulent autour de l'oralité et, notamment, elles « commencent directement par le conte qui, par paradoxe, est déjà une pratique du détour » (IPD, 63). Le conte a été et demeure une des formes privilégiées de la culture franco-ontarienne (que ce soient les contes canadiens-français racontés au coin de la cheminée ou leur version plus moderne, les contes urbains performés dans divers espaces[54]), aux côtés de la poésie et du théâtre, deux formes artistiques reposant sur l'oralité dans leurs pratiques franco-ontariennes. Enfin, il importe de souligner que la créolisation va plus loin que le métissage, comme le précise Glissant : « [S]i nous posons le métissage comme en général une rencontre et une synthèse entre deux différents, la créolisation nous apparaît comme le métissage sans limites, dont les éléments sont démultipliés, les résultantes imprévisibles » (PR, 46). En d'autres termes, le métissage (comme l'idée d'hybridité) est le mélange de deux éléments – souvent physiques –, dont le résultat est quasiment connu d'avance ; c'est une notion très *biologisante*. En revanche, la créolisation concerne les cultures, les pratiques de vie, et se forme dans le mélange de nombreux éléments divers. Son résultat est donc imprévisible, les formes qu'elle peut prendre, multiples et infinies.

POUR LE JOUAL FRANCO-ONTARIEN

Il me faut préciser ma pensée concernant la langue française. Tout d'abord, la langue française se trouve dans une dynamique différente de celles de nombreuses autres langues qui semblent vouées à la disparition. Ensuite, il n'y a pas une langue française mais des langues françaises et il s'agit d'embrasser cette multiplicité, notre appartenance à cette dernière et donc de cesser d'avoir honte. Enfin, nous devons prendre à cœur

---

[54] Par exemple, le happening à la Galerie d'art de Sudbury produit par Roches Brûlées (Miriam Cusson et Mélissa Rockburn), *Contes presque Urbain* [sic] / *Almost Urban Legends*, mettant en scène une dizaine de jeunes auteurs, tant anglophones que francophones, qui ont performé un conte dans différents lieux de la galerie. Le conte urbain se retrouve également dans André Perrier (dir.), *Contes sudburois*, Sudbury, Prise de parole, 2001. Il y a également trois contes dans Jean Marc Dalpé, *Il n'y a que l'amour*, Sudbury, Prise de parole, 2011 [1999].

l'idée de multilinguisme. Si nous acceptons ces trois postulats, nous pouvons dès lors penser, à l'instar de Glissant, un archipel de langues nous permettant de nous projeter dans le Tout-Monde et de participer au mouvement de la créolisation. Le Tout-Monde, concept clé de la pensée de Glissant, dépeint l'enchevêtrement des imaginaires et des cultures à l'œuvre aujourd'hui sur Terre, qui mettent en relation les hommes. Il décrit à la fois ces multiples échanges et la perception que nous en avons. La langue étant constitutive de toute identité culturelle, nous pourrons alors concevoir notre identité comme une identité-relation.

La langue française ou les langues françaises

> Toutes les disparitions ne s'équivalent pourtant pas. Que les Franco-Ontariens cessent peu à peu de parler la langue française n'entraînera pas celle-ci à s'évanouir du panorama mondial. La situation n'est pas la même pour la langue créole, dont les aires de survie seraient, pour une seule élision régionale, déjà très raréfiées. Mais la constatation de ces différences n'atténue en rien, non pas seulement le drame humain à chaque fois ainsi déclenché, mais la part d'appauvrissement qui frappe alors le chaos-monde. On ne sauvera pas, ici et là, telle ou telle langue, laissant périr les autres. (PR, 110)

Cette citation de Glissant, tirée de *Poétique de la relation*, ne met pas du baume au cœur. Cependant, son constat s'avère justifié. Contrairement aux milliers de langues à l'avenir incertain, parlées par seulement un petit nombre de locuteurs, le français – parce qu'il a été jadis langue de domination du monde – n'est aucunement menacé dans son existence même. Il demeure une langue internationale, parlée et apprise par des centaines de millions de personnes. Et ce qui selon moi fait sa beauté, c'est qu'il s'agit d'une langue ouverte aux autres langues, même si historiquement le pouvoir absolutiste pratiqué par l'entremise de l'Académie française (une institution au rôle sans équivalent dans le monde) a tenté de le standardiser, d'éradiquer les dialectes dérivés, de gommer les accents. Heureusement, l'entreprise a échoué. Prenons l'exemple de la

France : si le français standard s'est quelque peu imposé, ce ne fut pas par l'intermédiaire de l'école, creuset de la nation, mais par la guerre. La Grande Guerre de 1914-1918, qui pendant quatre longues années a forcé de jeunes hommes venus de partout en France et de son empire à vivre ensemble dans les tranchées, de jeunes hommes qui parlaient des langues, des patois, des dialectes différents mais qui ont dû utiliser le français appris à l'école pour communiquer. Ceux qui reviendront dans leurs campagnes diffuseront désormais ce français. Mais les accents, les régionalismes survivront. Le déferlement de la langue française sur les Amériques, en Afrique et en Asie des suites de la colonisation multipliera les français parlés tout en contribuant au dynamisme de la langue française par l'intégration de mots venus des territoires conquis.

Glissant offre une hypothèse fort intéressante sur ce processus de fixation de la langue française :

> On se demande pourquoi cette langue créole fut la seule à apparaître, et sous les mêmes formes, dans le bassin Caraïbe et l'océan Indien, et seulement dans les pays occupés par les colons français – alors que les autres langues de cette colonisation, l'anglais et l'espagnol, y restèrent intraitables dans leur rapport au colonisé, ne concédant là que des pidgins ou des dialectes dérivés. Une des réponses possibles, en tout cas celle que je hasarde, est que la langue française, qu'on répute si férue d'universalité, ne l'était certes pas au temps de la conquête des Amériques, n'ayant peut-être pas réalisé à ce moment son unité normative. Les parlers des Bretons et des Normands, qui eurent alors usage à Saint-Domingue et dans les autres îles, déplaçaient une force centripète moins coercitive, pouvaient entrer dans la composition d'une langue nouvelle. L'anglais, l'espagnol, étaient peut-être déjà plus « classiques », se prêtaient moins à ce premier amalgame d'où une langue eût surgi (PR, 111).

Il s'agit là d'un bel exemple illustrant comment la volonté d'unicité, d'homogénéisation correspond, en réalité, à un appauvrissement du monde. Si la langue française avait été fixée plus tôt (et cela aurait été impossible au regard du développement de l'État, processus très différent de celui à l'œuvre en Espagne ou en Angleterre), il n'y aurait pas aujourd'hui tous ces créoles et leurs cultures, et leurs littératures contribuant à la multiplicité du monde. Cette standardisation ayant relativement échoué, il faut bien admettre qu'il n'y a pas une, mais des langues françaises.

Le franco-ontarien est une des langues françaises

> Il y a plusieurs langues anglaises, espagnoles ou françaises (sans compter le sabir anglo-américain, aisément praticable par tout un chacun). Quel que soit l'intense de cette complexité, ce qui est désormais caduc, c'est le principe même (sinon la réalité) de l'unicité intangible de la langue (PR, 132).

L'affirmation de l'existence d'un joual franco-ontarien (avec toutes ses variantes régionales et locales) a l'avantage de nous permettre non seulement d'appartenir à une famille, celle des francophones, mais également de rendre plus positive notre relation au français – en d'autres termes, de cesser d'avoir honte de notre français. En identifiant le joual franco-ontarien comme une langue française, nous participons activement au développement et à l'épanouissement de toutes les langues françaises : nous cultivons l'usage de vieux mots français tombés en désuétude de l'autre côté de l'océan ; nous empruntons aux langues qui nous entourent les mots qu'il nous faut ; et nous colorions le français de nos accents chantants. Nous contribuons ainsi à la multiplicité, à l'hétérogénéité du monde. La langue française que nous parlons nous autorise à nous définir comme communauté ayant son identité propre. Il ne s'agit aucunement de faire ici l'apologie d'une espèce de sabir envahi par un vocabulaire et des calques grammaticaux anglais. Plutôt, les nombreux emprunts à l'anglais que nous effectuons concourent à la dynamique de la langue et non à son appauvrissement. Rappelons tout d'abord qu'historiquement, l'anglais étant constitué à 40 % de mots d'origine française, nous nous trouvons, en réalité, à réintégrer au français des mots... français. Le français de France subit lui aussi les influences de l'anglais, mais aussi de nombreuses langues apportées par les vagues migratoires[55].

Bien sûr, le défi s'avère de maintenir un certain équilibre. Autrement dit, pour que le franco-ontarien demeure une langue française, il lui faut conserver un vocabulaire de base et des structures grammaticales communes avec le français, sans quoi nous ne pourrions plus communiquer avec les autres locuteurs des langues françaises et cesserions donc de parler français. Le défi est de taille, j'en conviens, quand on voit des copies d'étudiants où la grammaire et la syntaxe sont tellement éloignées du français que le sens est incompréhensible.

Je suis persuadée, cependant, que le problème réside avant tout dans le fait que la langue franco-ontarienne n'est pas valorisée, que les étudiants en ont honte et que, éventuellement, ils n'ont plus envie de faire des efforts. On remarque aussi un hiatus entre la langue parlée et la langue écrite. Les élèves se trouvent tout autant dépourvus devant un texte venu de France qu'un texte écrit en franco-ontarien. Ryan Demers (jeune comédien et animateur culturel sudburois), qui a monté une pièce avec des élèves de dix à dix-sept ans à l'automne 2015, me l'avait fait remarquer. Certains étaient mal à l'aise et avaient du mal à lire les répliques écrites dans la langue qu'ils parlent pourtant au quotidien. Cela ne poserait pas de problème si l'école faisait lire les élèves, qu'il s'agisse de poètes, de romanciers, de dramaturges !

La honte, c'est le terme qui revient systématiquement quand je demande à mes étudiants pourquoi ils n'écrivent pas leurs dissertations en français (j'enseigne en anglais, et mes étudiants peuvent remettre leurs travaux dans la langue de leur choix). Ils sont en quelque sorte des castrés linguistiques. Le système scolaire lui-même entretient cette situation puisque nombre de professeurs n'écrivent pas, ne lisent pas, et ne demandent pas à leurs élèves de lire et d'écrire. Cercle vicieux qui nous a conduit collectivement à une situation très dangereuse. Il nous reste peut-être quelques années pour redresser la barre. Les solutions

---

[55] Voir sur ce sujet le très bon ouvrage d'Henriette Walter, *L'aventure des mots français venus d'ailleurs*, Paris, Livre de poche, 1999.

existent, elles sont nombreuses et variées. L'une d'elles consiste à enseigner plusieurs langues étrangères. À ce titre, le Canada fait figure d'exception : ailleurs dans le monde, la norme veut que les élèves apprennent plusieurs langues étrangères, cet apprentissage permettant de progresser dans sa langue maternelle. Cela entraîne également une prise de conscience du multilinguisme.

Le multilinguisme :
nous existons en présence de toutes les langues du monde

> *Nous écrivons en présence de toutes les langues du monde.* Nous les partageons sans les connaître, nous les convions à la langue dont nous usons. La langue n'est plus le miroir d'aucun être. Les langues sont nos paysages, que la poussée du jour change en nous (TTM, 85).

Concevoir la multiplicité des langues qui existent, c'est d'abord une ouverture sur le monde mais cela nous permet également de nous conscientiser à la fragilité des langues, des peuples et des cultures, et donc à la nôtre. Nous ne sommes pas seuls dans cette aventure – qui s'apparente parfois au parcours du combattant – mais qui, par ailleurs, consiste à bâtir la Tour comme le dit Glissant, à refonder Babel (voir le merveilleux texte intitulé « Babel » de Dalpé[56]).

> Nous avons peur aussi de l'imprévisible et ne savons pas comment le concilier avec un possible souci de bâtir, c'est-à-dire d'établir des plans. Il faudra du temps pour apprendre cette nouvelle manière de frayer dans demain : s'attendant à l'incertain et préparant le devinable (TTM, 53).

Cette multiplicité nous inscrit dans la pensée de la trace, de l'errance, du nomadisme. Notre joual franco-ontarien appartient à ces langues où l'oralité prime. Or, aujourd'hui,

> [l]es langues et les pratiques de l'oralité ont resurgi dans le panorama des littératures, elles ont commencé d'influer sur la sensibilité, avec une

---

[56] Jean Marc Dalpé, *Il n'y a que l'amour, op. cit.*, p. 93-96.

> énergie et une présence flamboyantes. Il faut songer ardemment, non pas à ménager ce nouveau passage, qui serait maintenant de l'écrit à l'oral, mais à susciter des poétiques renouvelées, où l'oral se maintiendrait dans l'écrit, et inversement, et où flamberait l'échange entre les langues parlées du monde (TTM, 109).

En cultivant l'oralité comme le font nos poètes et dramaturges, nous pouvons nous tourner vers l'avenir, l'envisager avec sérénité. Nous pouvons penser la Relation.

> L'oralité, cette passion des peuples qui au vingtième siècle ont surgi dans la visibilité du monde, et en tant qu'elle entre en écriture, se manifeste d'abord par les querelles fécondes qu'il y introduit, multiplicité, circularité, ressassements, accumulation et déreligion. Relation enfin (TTM, 110-111).

Un archipel de langues

> On peut imaginer des diasporas de langues, qui varieraient si vite entre elles et avec de tels retours (déviations et va-et-vient) de normes, qu'en cela résiderait leur fixité. La perdurabilité n'y serait pas abordable par approfondissement, mais par chatoiement de variances. L'équilibre serait fluide. Ce scintillement linguistique, si éloigné de la mécanique des sabirs et des codes, nous est encore inconcevable, mais c'est parce que le préjugé monolingue (« ma langue est ma racine ») nous paralyse jusqu'à ce jour (PR, 112).

Glissant nous exhorte à transformer ce que nous concevons comme une faiblesse en une force. Nous ne sommes pas nombreux, mais combien d'autres peuples connaissent les mêmes dilemmes, les mêmes misères ? Cette diaspora de langues ou cet archipel de langages s'inscrit pleinement dans le mouvement de créolisation à l'œuvre aujourd'hui dans le monde. Nous pouvons participer à un mouvement unique à l'échelle planétaire, qui se déroule là, en ce moment, même s'il demeure invisible aux grands de ce monde, toujours empreints de supériorité et enfermés dans leur esprit de domination.

> Les phénomènes de créolisation à l'œuvre dans notre monde intéressent non seulement la diversité des temps vécus par des communautés en contact ou non mais aussi l'interchange des langues écrites et parlées. Par-delà ces langues, l'imaginaire (ou les imaginaires) des humanités pourrait inspirer des langages, ou des archipels de langages, qui équivaudraient à l'infinie variance de nos relations. La langue, c'est le creuset toujours bouleversé de mon unité. Le langage, ce serait le champ ouvert de ma Relation (TTM, 112).

Ne nous trompons pas : le potentiel de la créolisation s'avère énorme. Parce qu'elle est fluide, ouverte, spontanée, la créolisation se présente comme une alternative sérieuse à l'idéologie dominante de la racine-unique, de la « race pure », de la conquête des territoires légitimée par le droit. Elle se nourrit d'échanges, d'ouvertures, d'emprunts, de réciprocités, de poétiques émancipatrices. Elle offre un espoir de paix. Elle fonde la possible identité-relation.

L'identité-relation

– est liée, non pas à une création du monde, mais au vécu conscient et contradictoire des contacts de cultures ;

– est donnée dans la trame chaotique de la Relation et non pas dans la violence cachée de la filiation ;

– ne conçoit aucune légitimité comme garante de son droit, mais circule dans une étendue nouvelle ;

– ne se représente pas une terre comme un territoire, d'où on projette vers d'autres territoires, mais comme un lieu où on « donne-avec » en place de « com-prendre ».

L'identité-relation exulte la pensée de l'errance et de la totalité (PR, 158).

❖

Vous avez dit schizophrénie linguistique ?

Ce qui m'a le plus surprise il y a dix ans quand je suis arrivée au Canada, ce sont toutes ces histoires sur les langues officielles. On s'entend, il n'y en a que deux, au Canada, mais oh boy! que cela me semblait compliqué. Une décennie plus tard, je ne comprends toujours pas. Pourquoi certains francophones font une crise quand leurs gamins parlent anglais – à témoin les débats sur l'introduction de l'anglais intensif au Québec ou les discussions en Ontario sur le fait de parler anglais dans les couloirs des écoles françaises? Pourquoi mes étudiants anglophones me répètent-ils sans cesse qu'ils ne parlent pas un mot de français malgré toutes les heures passées à l'école à l'apprendre? Au passage, qu'est-ce qu'ils croient? Que c'est facile d'apprendre l'anglais? (En tout cas, moi, je n'ai vu aucun progrès après dix ans, quand je parle en anglais, on me demande, tous les jours, d'où je viens…) En France, j'ai connu des couples mixtes dont les enfants étaient parfaitement bilingues, et que je te parle allemand avec maman et français avec papa, ou arabe et français. J'ai eu un chum qui parlait italien avec sa mère, anglais avec son père et français comme tout le monde. Je n'y ai jamais rencontré de milingues ou de schizophrènes linguistiques. À l'école, j'ai appris l'anglais, le latin, l'espagnol et le russe; mon frère, lui, a choisi anglais, latin, allemand et italien. On se débrouille toujours avec notre français, enfin je crois, vous me laisserez savoir.

Cette question m'est revenue à l'esprit lors d'un récent voyage au Sénégal. L'amie avec qui j'étais parle wolof (la langue véhiculaire du Sénégal), peul, malinké, toucouleur, bambara, et bien sûr français (la langue de l'école) et anglais (à Sudbury, elle a vite compris qu'elle n'avait pas le choix!). Au Sénégal, le français est la langue officielle, et six autres langues sont reconnues comme étant langues nationales.

Bien d'autres sont parlées. Alors je me suis demandé : c'est quoi notre problème ? Bon, le premier président du Sénégal, c'était Léopold Sédar Senghor, un des plus grands poètes francophones à mes yeux (et je ne suis pas la seule), alors bon c'est impressionnant et ça doit aider… Ici, au Canada, on aimerait juste que nos politiciens aient lu un poème dans leur vie, mais bon cela ne peut être l'explication…

Comme vous le savez, le Sénégal n'est pas une exception ; beaucoup de pays ont plusieurs langues officielles et personne ne fait de brouhaha… Sauf le Canada et la Belgique ! Mais je reviens à mon amie. Elle n'est pas exceptionnelle (enfin si, mais ce n'est pas de ça qu'on parle). Durant les cinq jours que j'ai passés dans son village, assise sur ma paillasse à trier des arachides, palabrer ou piller des arachides (criss' de peanuts !), j'en ai rencontré du monde. Les gens s'arrêtent prendre le thé et palabrer. Je ne comprenais rien, bien sûr, mais l'oreille s'est affinée au fil du temps au point où je pouvais distinguer qu'un locuteur n'était pas peul (la langue maternelle au sens propre de mon amie – en fait, non, sa vraie langue maternelle, c'en est une autre parlée presqu'uniquement dans son village, le peul c'est la langue principale dans laquelle elle a grandi car c'est sa langue paternelle !). Alors j'ai posé des questions sur la coexistence des langues. Honnêtement, ils ont pensé que je venais de la planète Mars et pas simplement parce que j'étais la seule *toubab* dans le coin. À peu près tout le monde dans le village parle peul, malinké ou toucouleur car ils s'y sont habitués – en côtoyant des gens qui parlent différentes langues depuis toujours, ils les ont apprises au fil du temps. La règle de politesse est la suivante : je parle dans la langue de mon groupe mais je comprends la langue de l'autre, qui s'exprime dans sa langue. Bref, les gens sont naturellement multilingues et sains d'esprit.

On est loin ici de l'idée de la langue véhiculaire wolof parlée à Dakar ou du français appris à l'école, mais ces langues-là aussi, ils les parlent et les comprennent. J'ai compris alors, assise dans la terre battue, adossée à une case et entourée de chèvres paisibles, pourquoi Senghor avait toute sa vie défendu la langue française, la francophonie comme « idéal » et non comme « idéologie » ; pourquoi ministre sous de Gaulle, académicien et premier président du Sénégal libre, il avait aussi été le chantre de la négritude. Parce qu'il s'agit bien d'une culture commune, d'un idéal commun, d'un respect commun entre les peuples et non d'une question linguistique. La linguistique, ce n'est que de la technique; ce n'est pas l'Homme, ce n'est pas la culture. C'est le squelette sans la chair. C'est l'homo faber avec son outil versus l'homo sapiens qui pense. Alors allons-nous continuer longtemps à jouer à l'homo faber?

Contre la race! Contre le drapeau!

**Alors sommes-nous une « race »,
une communauté, une nation, un peuple ?**

Le concept de nation est un concept flou et contesté depuis bien longtemps. Une des dichotomies qui a longtemps existé dans le monde académique repose sur la distinction entre « nation civique ou politique » et « nation ethnique ou culturelle ». Le débat est devenu politique au dix-neuvième siècle, où l'on a vu s'opposer la conception française à la conception allemande. L'approche française définit la nation de façon politique. Dans sa célèbre conférence donnée à la Sorbonne en 1882, Ernest Renan parlait ainsi :

> Une nation est une âme, un principe spirituel. Deux choses qui, à vrai dire, n'en font qu'une, constituent cette âme, ce principe spirituel. L'une est dans le passé, l'autre dans le présent. L'une est la possession en commun d'un riche legs de souvenirs; l'autre est le consentement actuel, le désir de vivre ensemble, la volonté de continuer à faire valoir l'héritage qu'on a reçu indivis. [...] Une nation est donc une grande solidarité, constituée par le sentiment des sacrifices qu'on a faits et de ceux qu'on est disposé à faire encore. Elle suppose un passé ; elle se résume pourtant dans le présent par un fait tangible : le consentement, le désir clairement exprimé de continuer la vie commune. [...] L'homme n'est esclave ni de sa race, ni de sa langue, ni de sa religion, ni du cours des fleuves, ni de la direction des chaînes de montagnes[57].

La nation est donc ce plébiscite de tous les jours, cette volonté de vivre ensemble. La dernière phrase de l'extrait est une critique, à peine voilée, de la conception allemande de la Nation, mise de l'avant, notamment par Johann Gottlieb Fichte et Johann Gottfried Herder, qui ont

---

[57] Ernest Renan, « Qu'est-ce qu'une nation ? », dans Philippe Forest (dir.), *Qu'est-ce qu'une nation ? Littérature et identité nationale de 1871 à 1914*, Paris, Pierre Bordas et Fils, coll. « Littérature vivante », 1991, p. 41-42, voir en ligne http://classiques.uqac.ca/classiques/renan_ernest/qu_est_ce_une_nation/qu_est_ce_une_nation_texte.html#une_nation_2_conference.

conceptualisé la nation par rapport à la langue et à une culture naturalisée, mais aussi par rapport au sang.

À ce que je sache, personne n'a jamais osé définir les Franco-Ontariens comme nation. Et c'est peut-être mieux ainsi. Mais les débats entourant cette notion peuvent être utiles dans notre discussion sur la communauté (*Gemeinschaft*) franco-ontarienne. Je remarque qu'on parle souvent de « peuple franco-ontarien » (Herder, l'idéologue allemand, parlait lui aussi de « peuple » [*Volk*], pris comme synonyme de nation). Notions complexes, mais importantes, parce qu'elles posent finalement la même question : qui fait partie du Nous ?

Dans la définition du Nous franco-ontarien, la langue joue forcément un rôle primordial. Cette donnée, dite objective, ne doit pas nécessairement s'accompagner d'une vision « ethnique ». Bien au contraire. Peu importe la couleur de sa peau, son origine, sa religion, on peut se définir comme Franco-Ontarien dès que l'on souhaite participer, en français, à la vie de la communauté. Comme l'écrivait fort à propos le sociologue Roger Bernard, « on ne naît pas franco-ontarien, on le devient ».

Cela suppose également, comme le faisait valoir Renan, d'embrasser un passé, une histoire. Et pour cela, nul besoin que nos ancêtres y aient participé (sans quoi nous revenons au sang et l'Histoire nous a montré les dangers d'un tel parti pris). L'histoire des Franco-Ontariens du Nord est celle de mineurs et de bûcherons anonymes venus travailler dans un pays au climat hostile. C'est l'histoire de l'exploitation d'ouvriers et de paysans. Cette histoire, c'est aussi celle de mes ancêtres, de ceux de la chanteuse Patricia Cano, de l'auteur Melchior Mbonimpa sûrement. Appropriation du passé, donc ; engagement envers la communauté dans le temps présent, mais également volonté de continuer à faire un bout de chemin ensemble dans le futur.

Or, nous, Franco-Ontariens, avons un mal fou à nous projeter, comme communauté, dans l'avenir. Les discours de survivance nous ont été servis *ad nauseam* et au lieu de rejeter ces discours, nous les avons intériorisés. Il faut dire que nous avons souvent été en mode survie, en effet. Notre avenir dépend de notre capacité collective à sortir des discours de survivance et à développer un discours d'épanouissement de la communauté. Nous avons acquis des droits, notamment depuis 1982 (avec le rapatriement de la Constitution), et nous en sommes encore à tenter de faire respecter un tant soit peu ces droits. Par là-même, nous dépensons peu d'énergie à avancer, à créer, à penser le futur. Allons-nous encore longtemps discuter de la demande et de l'offre de services en français ou allons-nous, tous ensemble, travailler à avoir des universités de langue française, des librairies francophones, une Place des Arts ?

Maintenir une définition inclusive du Nous, c'est-à-dire accepter que les nouveaux arrivants en fassent partie (et comprendre que certains ne le veulent pas, même s'ils parlent français ; ils sont alors des francophones et non des Franco-Ontariens, et c'est leur choix), voilà une des clés de notre avenir.

De certains travers à éviter

Il existe un grand danger à se voir comme peuple (et peut-être, si cela devait arriver, comme nation), celui de l'homogénéisation. Depuis le dix-huitième siècle et l'émergence du concept moderne de nation, tous ses théoriciens, ses chantres, qu'ils soient d'obédience « nation civique » ou « nation ethnique », ont au final partagé une même volonté commune : celle d'homogénéiser la population pour en faire une nation. En d'autres mots, non seulement nier les différences, mais les gommer, les effacer, les « nettoyer », de gré ou de force. Toutes les nations en construction ont fait cela, et surtout les nations française et allemande (malgré leurs divergences apparentes entourant cette notion). Aujourd'hui, je ne parle pas le bigourdan, un des sept dialectes de la langue gasconne, la langue de mes ancêtres ; mon nom a été francisé au fil des siècles (Lacassagne vient de *cassanos* en gaulois, le chêne). Il m'a fallu pendant des années « nettoyer » mon accent pour éviter les moqueries de mes camarades, je sonnais trop « sud-ouest » ; il a fallu que j'abandonne l'usage de certains mots (j'en ai d'ailleurs retrouvés quelques-uns avec bonheur ici en Ontario français !).

Le risque, c'est de se créer une tribu franco-ontarienne : de nous replier sur nous-mêmes en sélectionnant quelques caractéristiques « bien objectives » du Nous (couleur de peau, langue et accent, nombre de générations établies ici, etc.), en espérant que le groupe ainsi homogénéisé soit plus cohérent et parvienne à tenir le fort contre les envahisseurs de tous poils et l'ennemi héréditaire, l'Anglais. Cette approche, proposée par Roger Levac – écrivain, essayiste et enseignant de Cornwall – dans *L'anglistrose*, nous condamnerait au « tribalisme ». Et c'est dans l'air du temps, le retour aux tribus, le néomédiévalisme : on le voit tous les soirs à la *tivi* dans d'innombrables conflits à travers le monde.

Mais il est possible de prendre un autre chemin, celui de l'acceptation de l'hétérogénéité, c'est-à-dire de la créolisation. Être différents, ensemble ; transcender nos histoires et mémoires pour vivre au présent et penser un avenir meilleur. Et non je ne parle pas du multiculturalisme à la canadienne qui fait partie d'une vision hiérarchique du monde d'un autre temps, qui joue sur les processus d'inclusion-exclusion, domination-sujétion. La créolisation consciente et acceptée est à l'œuvre dans les marges du monde. Elle frétille dans toutes les littératures mineures. Elle bouge ; elle gronde ; elle enfle.

Écoutez, regardez, lisez, un instant, un moment, vous la sentirez.

Dépasser le drapeau

J'ai une relation ambiguë au drapeau. Le 25 septembre 2015, lors du French Fest, je faisais remarquer à Réjean Grenier – un des créateurs de La Nuit sur l'étang, homme d'affaires, journaliste et personnage public de Sudbury – que je n'en pouvais plus de tout le tralala autour du drapeau, de l'autosatisfaction engendrée du fait que quatre-cents drapeaux ont été hissés un peu partout à travers l'Ontario, de voir mes filles revenir de l'école tous les 25 septembre, tatouées du drapeau vert et blanc. Réjean me rappelait, à juste titre, que ce symbole est important pour les Franco-Ontariens, que c'est un signe de ralliement. Je comprends cela, mais je sais aussi que c'est pour un drapeau – celui de la France – que mes quatre arrière-grands-pères sont partis à la guerre : se battre pour un drapeau ! Les vieilles nations européennes sont moins enclines à le porter haut et fort, trop de sang ayant été versé pour lui au fil des siècles. C'est un symbole puissant de l'identité franco-ontarienne mais si c'est le seul symbole, le seul point de ralliement, si c'est le seul contenu de notre identité, nous n'avancerons pas bien loin. Si être franco-ontarien commence et s'arrête à la reconnaissance et à la vénération du drapeau, nous ne pourrons pas nous projeter bien loin dans l'avenir. Un symbole représente, mais ne constitue pas un peuple ou une communauté ou une nation. Ce sont plutôt les valeurs, les récits, les poèmes, les pièces, les tableaux, les contes, une volonté de vivre-ensemble qui sont les éléments constitutifs d'un peuple. Ils permettent d'instaurer un dialogue avec les Autres. Ils nous autorisent à nous projeter dans l'histoire humaine universelle. Ils fondent le lien entre l'individuel et le collectif : je m'approprie vos récits, contes, histoires et par là-même, me fonds dans le Nous. Je m'insère dans une communauté de mots, et non de sang !

II – Les conditions matérielles de la prise de parole

CANO – À l'origine de notre identité culturelle

Les États généraux du Canada français se tiennent de 1966 à 1969 lors de quelques grandes rencontres organisées à Montréal à l'initiative de la Fédération des sociétés Saint-Jean-Baptiste du Québec et visent principalement à rassembler tous les francophones du pays afin de discuter de leur avenir constitutionnel. Bien que différents organismes non québécois soient invités à participer, les représentants de la Belle Province y sont très largement majoritaires. Rapidement, lors des assises de 1967 et 1968, les résolutions adoptées concernent en réalité l'avenir du Québec au sein du Canada. On y proclame, entre autres, le droit à l'autodétermination des Canadiens français… sur le territoire du Québec, ainsi que la volonté d'organiser une assemblée constituante pour doter le Québec d'une constitution. Ces rencontres confirment l'implosion du Canada-français et marquent le début d'un lent processus de réidentification pour les Canadiens français vivant ailleurs qu'au Québec, puisque l'identité canadienne-française se trouve *de facto* vidée de son sens.

En Ontario, cela va se faire sous la houlette de quelques professeurs et étudiants de l'Université Laurentienne à Sudbury. Les acteurs de ce mouvement, de jeunes artistes et créateurs un peu bohème d'origine sociale modeste, sont encouragés par quelques Jésuites qui, suivant leur tradition, enseignent, pensent et surtout agissent. S'il fallait désigner un moment catalyseur dans ce processus, ce serait sans doute la production de *Moé j'viens du Nord, 'stie* en 1971, une création multimédia (théâtre, musique, arts visuels) rassemblant les artisans initiaux de la culture franco-ontarienne. De cette première aventure artistique de la troupe de théâtre de la Laurentienne émergeront plusieurs institutions, dont les dirigeants sont réunis au sein de la Coopérative des artisans du Nouvel-Ontario (CANO) qu'ils ont fondée : la Galerie du Nouvel-Ontario (GNO), le Théâtre du Nouvel-Ontario (TNO), Prise de parole et La Nuit sur l'étang. Pendant la décennie qui suit, le TNO créera, jouera – un peu partout – six pièces ; Prise de parole publiera une cinquantaine d'œuvres ; et La Nuit sur l'étang chaque année aménagera la « folie collective d'un peuple en party » au cours d'une soirée mélangeant toutes les formes artistiques et façonnant une génération de Franco-Ontariens[1].

Le mouvement CANO et les quatre institutions qui en sont issues sont uniques dans la mesure où, coupés du jour au lendemain d'une culture et identité établies – la communauté canadienne-française ayant éclaté –, marginalisés dans leur identité politique, de jeunes individus vont se façonner. Ils vont se négocier une identité et une culture, en partie inspirées, comme Gaston Tremblay – poète, fondateur des Éditions Prise de parole et professeur – le rappelle, par le mouvement de la contre-culture aux États-Unis[2]. En tous les cas, il existe clairement un lien existentiel entre la culture franco-ontarienne, ses institutions et l'identité ; ces trois éléments sont intrinsèquement liés, l'un n'existe pas sans l'autre.

Toutes les œuvres créées, produites et diffusées par CANO au cours des années soixante-dix ont pour objectif l'émergence d'une nouvelle identité et sa diffusion auprès des gens du Nord pour qu'ils se l'approprient et s'y reconnaissent. Lucie Hotte souligne trois caractéristiques de l'identité développée par CANO : la langue, la relation à l'espace, et la marginalisation[3]. Au fil des années, ces trois caractéristiques

---

[1] Marie-Hélène Pichette, *Musique populaire et identité franco-ontariennes. La Nuit sur l'étang*, Sudbury, Société historique du Nouvel-Ontario et Prise de parole, 2001 (documents historiques n° 97), p. 53.
[2] Gaston Tremblay, *L'écho de nos voix*, Sudbury, Prise de parole, 2003, p. 20.
[3] Lucie Hotte, « Littérature et conscience identitaire : l'héritage de CANO », dans Andrée Fortin (dir.), *Produire la culture, produire l'identité ?*, Sainte-Foy, Presses de l'Université Laval, 2000, p. 58.

sont devenues des signifiants, des signes, des symboles pour l'ensemble de la communauté franco-ontarienne. Dans cette optique, on peut affirmer que CANO est bien plus que le rassemblement d'une *gang* d'artistes bohèmes, il s'agit bien en réalité d'un mouvement social – certes embryonnaire – dont l'objectif était politique tout autant que poétique, les deux étant indissociables ; la langue est partout instrument politique, d'autant plus en Ontario français.

Cette émergence institutionnelle et esthétique part de presque rien, elle ne dispose quasiment d'aucun soutien institutionnel ou financier. Seuls quelques individus – des éclaireurs – aideront ces jeunes artisans-artistes, comme le souligne Gaston Tremblay[4]. Pourtant, leur influence sera déterminante pour la communauté dans son ensemble. La volonté d'établir des organismes culturels permanents jumelée à un climat politique fédéral et provincial un peu plus favorable aux minorités francophones permettront le développement de petites mesures qui viendront – bout à bout – constituer une politique culturelle pour les minorités linguistiques.

Que l'on nous préserve...
et nous serons bénis d'entre toutes les minorités

Pourquoi notre « préservation » est-elle importante politiquement ?

L'insécurité linguistique constitue l'un des principaux arguments des indépendantistes québécois, c'est-à-dire l'idée que la survie du groupe – représentée notamment par la santé de la langue – repose sur la capacité à être « maître chez soi ». Seul un État québécois souverain peut sauver et protéger la langue française, et donc le groupe, la nation ; seul îlot francophone (digne de son nom ?) dans la marée anglophone d'Amérique du Nord. Depuis les années soixante et la montée du nationalisme au Québec, les fédéralistes canadiens pensent que l'unité du

---

[4] Gaston Tremblay, *Prendre la parole. Le journal de bord du Grand CANO*, Ottawa, Le Nordir, 1995, p. 96-97.

pays est menacée. Ils ont mis de l'avant plusieurs discours en réponse aux arguments des indépendantistes québécois. Le principal argument des fédéralistes repose sur l'idée qu'il est tout à fait possible de s'épanouir en français au sein d'un Canada à majorité anglophone. La preuve en est la survivance des communautés francophones en situation minoritaire. Voilà l'enjeu : il s'avère impératif pour les fédéralistes de voir « survivre » les minorités francophones, qui représentent le meilleur contre-exemple aux arguments des indépendantistes québécois. En réalité, il s'agit d'une des seules armes de destruction discursive dont les fédéralistes disposent. On comprend mieux dès lors l'empressement d'un René Lévesque à nous qualifier de « dead ducks » et d'un Yves Beauchemin de « cadavres encore chauds ». Peu importe ce que nous pensons de ce débat. Nous n'avons pas notre mot à dire. Nous ne sommes pas invités à la table. Un camp ne veut pas que nous pensions, surtout pas en français ; l'autre camp veut juste que nous existions sans faire de bruit.

Lord Durham (ou la formation de l'habitus canadien)

Quand le Canada est devenu un État quasi indépendant en 1867, le gouvernement fédéral a pensé qu'il serait possible d'assimiler les francophones. Ce discours sur l'assimilation n'était pas nouveau. Il avait déjà été clairement exposé dans le célèbre rapport Durham[5] en 1839. Il est impératif de lire ou relire cet opuscule, de s'y attarder comme je vais le faire, car cela permet non seulement de comprendre le *Zeitgeist* (l'esprit du temps) de l'époque, mais aussi de saisir les relations de pouvoir qui existent encore entre anglophones et francophones au Canada. Pourquoi ? Parce que cet état d'esprit a été profondément intériorisé par les Canadiens et que, par conséquent, il perdure. En d'autres termes, j'affirme que l'esprit du rapport Durham est fondateur des stéréotypes et des relations entre les deux groupes linguistiques et que ses effets se font encore sentir aujourd'hui. Il est certes difficile et souvent impossible de « prouver » que

---

[5] John George Lambton, Charles Buller et Edward Wakefield, *Le rapport Durham*, trad. de l'anglais par Denis Bertrand et Albert Desbiens, Montréal, Éditions Sainte-Marie, 1969 [éd. angl., 1839]. Désormais référencé dans le texte par les initiales RD suivies du folio.

des événements historiques tels que la parution d'un ouvrage peuvent avoir des conséquences historiques aussi tenaces, simplement parce qu'on en a perdu la trace, parce que les discours, perceptions et représentations sont ancrés au plus profond de chacun d'entre nous.

Durham est nommé, en 1838, gouverneur en chef de l'Amérique du Nord britannique de même que commissaire au Canada, mandaté pour étudier la situation de crise produite par les rébellions de 1837. Dans son analyse, Durham occulte toutes les dimensions autre que celle fondée sur la « race » : « la lutte qui a été représentée comme une lutte de classes était, en réalité, une lutte de race » (RD, 10). Pour lui, les Canadiens français sont « une population sans éducation aucune et singulièrement amorphe, obéissant aveuglement à des chefs qui la gouvernent au moyen d'une confiance aveugle et d'étroits préjugés nationaux » (RD, 10). À la page suivante, il parle « d'apathie congénitale de la société canadienne-française », puis à la page 12, de « peuple ignare, apathique et rétrograde ».

Mais Durham s'en prend aussi à la Couronne britannique, qui n'a pas accompli sa mission civilisatrice envers ces « ignares » : il souligne que « la négligence continuelle du gouvernement britannique laissa la masse du peuple sans aucune des institutions qui l'eussent élevée à la liberté et à la civilisation » (RD, 12). Or, si l'« on ne peut pas un seul instant contester aux Anglais la supériorité de leur sagesse politique et pratique » (RD, 21), il critique de façon virulente leurs politiques de colonisation qui ont contribué à préserver la nationalité canadienne-française (RD, 31-35). « L'erreur, donc, à laquelle le présent conflit doit être attribué repose sur de vains efforts pour assurer l'existence d'une nationalité canadienne-française au milieu de colonies et d'États anglo-américains » (RD, 35).

Lord Durham propose donc comme « remède social : la lente assimilation des Canadiens français » (RD, 118), projet qui constitue l'intitulé d'une sous-partie de son rapport. Solution tout à fait logique étant donné que « les Anglais [...] ont pour eux l'incontestable supériorité de l'intelligence » (RD, 120). Cette assimilation est pour le bien des Canadiens français : « cette nationalité canadienne-française, en est-elle une que nous devrions chercher à perpétuer pour le seul avantage de ce peuple, même si nous le pouvions ? [...] C'est pour les tirer de cette infériorité que je veux donner aux Canadiens notre caractère anglais » (RD, 121). Pourquoi préserver un peuple alors qu' « on ne peut guère concevoir de nationalité plus dépourvue de tout ce qui peut vivifier et élever un peuple que celle des descendants des Français dans le Bas-Canada, du fait qu'ils ont conservé leur langue et leurs coutumes particulières. C'est un peuple sans histoire et sans littérature » (RD, 123).

Certaines des recommandations de cet éloquent rapport ont été mises en application, en particulier celles concernant l'assimilation. Ainsi, en 1912, le gouvernement de l'Ontario a interdit l'enseignement en français dans les écoles de la province ; d'autres provinces, dont le Manitoba, la Saskatchewan et le Nouveau-Brunswick, avaient déjà imposé des mesures similaires.

Malheureusement pour Durham et au grand désespoir de certains anglophones zélés, l'État canadien n'a jamais réussi à pleinement assimiler les Canadiens français, certainement pas au Québec, ni dans les autres provinces. L'État fédéral, en constatant l'échec de cette politique, tout en étant confronté à la montée nationaliste au Québec, devra donc changer de stratégie. En 1969, avec la proclamation de la Loi sur les langues officielles, le Canada devient officiellement un État bilingue. Puis, en 1982, le Canada adopte la Charte des droits et libertés, qui vient constitutionnaliser certains droits linguistiques des minorités francophones au Canada et de la minorité anglophone du Québec. En 2012, le ministre du Patrimoine canadien, Jason Kenney, rappelle que « la dualité linguistique est au cœur de notre identité nationale[6] ».

L'idée que le bilinguisme est une composante-phare de l'identité canadienne semble être partagée par beaucoup. Or, on compte un nombre décroissant de personnes bilingues – dans les deux langues officielles – au Canada.

---

[6] Patrimoine canadien, *Rapport annuel sur les langues officielles 2010-2011, volume 1*, 2012, voir en ligne http://www.pch.gc.ca/DAMAssetPub/DAM-verEval-audEval/STAGING/texte-text/ralo-2010-11-1_1348678606474_fra.pdf.

Redéfinition identitaire obligée (les Franco-Bidules)

L'essor du nationalisme québécois dans les années soixante a été accompagné d'une redéfinition identitaire, l'identité canadienne-française ayant rapidement été abandonnée au profit d'une identité québécoise. Les communautés francophones en situation minoritaire se sont donc retrouvées devant un casse-tête. Sur quelle base se redéfinir, se renommer ? Sur une base linguistique ? C'était là une possibilité sauf que, dans les faits, de nombreux membres de ces communautés parlaient aussi anglais et n'étaient pas nécessairement identifiés comme francophones quand ils le faisaient... ou même d'ailleurs quand ils parlaient français.

> Est-ce que je suis content de
> rencontrer une Québécoise à un
> party à Sudbury qui me répond
> en anglais à chaque fois que
> je lui parle en français ? (Desbiens, *Le pays de personne*, 122)

Par ailleurs, il était impossible de se regrouper territorialement, comme l'avaient fait les Québécois. En Ontario, on trouve des poches plus ou moins grandes, plus ou moins minoritaires, de francophones dispersés sur tout le territoire, aucune région ne rassemblant une majorité de francophones.

Par conséquent, le processus de définition identitaire s'est largement réalisé au travers des institutions et à l'appui d'une culture qu'il fallait créer. Sans capital économique, politique ou social, le développement d'un capital culturel s'imposait comme « solution de survie ». D'autant plus que le Québec s'était largement arrogé l'héritage culturel canadien-français (notamment la littérature et certaines institutions). Les nouveaux Franco-Ontariens, Franco-Manitobains, Fransaskois, Franco-Albertains, etc. ont donc dû s'inventer une culture bien à eux et des institutions pour la soutenir. C'était là une condition impérieuse de leur survie.

Les arts et la culture dans les *Feuilles de route* pour « préserver » les CLOSM

Quels sont donc les instruments politiques dont Ottawa s'est doté pour parvenir à son objectif de « protéger » les Communautés de langue officielle en situation minoritaire (les CLOSM) ? La Loi sur les langues officielles, amendée en 2005 notamment en vue d'en renforcer la partie VII, qui traite des droits des minorités, souligne l'engagement du fédéral envers les CLOSM :

> L'article 41 reflète l'engagement de tous les ministères et organismes du gouvernement fédéral à favoriser le développement des CLOSM et à promouvoir le français et l'anglais dans la société canadienne. Pour sa part, l'article 42 confie au ministre du Patrimoine canadien le mandat d'encourager une approche coordonnée de l'engagement fédéral au sein de l'ensemble des institutions fédérales[7].

Le ministère du Patrimoine canadien a mis en place deux ensembles de programmes spécifiques pour chaque article. Le programme de « Développement des communautés de langue officielle » comprend deux volets, Vie communautaire et Éducation dans la langue de la minorité ; le programme de « Mise en valeur des langues officielles » a également deux volets, Promotion de la dualité linguistique et Apprentissage de la langue seconde. Le dernier programme vise principalement à faire prendre conscience aux Canadiens (anglophones parce que pour les francophones c'est assez évident !) du caractère bilingue du pays et à aider les anglophones à apprendre le français[8]. Dès la page 2 du rapport annuel de Patrimoine canadien sur les langues officielles, on commence à voir apparaître le caractère purement discursif – voire propagandiste – de la fameuse politique de dualité linguistique, un des deux ensembles de programmes ne concernant *de facto* que les anglophones. C'est donc le premier ensemble qui va nous intéresser ici. C'est à travers lui que les

---

[7] Patrimoine canadien, *Rapport annuel...2010-2011, volume 1, op. cit.*, p. 3.
[8] On s'entend que ce programme sert surtout au financement des célèbres stages d'immersion à Trois-Pistoles pour les jeunes anglophones plus que pour l'envoi de jeunes Québécois au fin fond de l'Alberta pour apprendre l'anglais...

institutions culturelles vont espérer recevoir un soutien financier pour leurs activités[9].

Dans l'espoir de « sauver » les CLOSM, le gouvernement a adopté une *Feuille de route pour la dualité linguistique canadienne 2008-2013 : agir pour l'avenir*[10]. Effort historique sans précédent, le fédéral y investissait 1,1 milliards de dollars pour mieux soutenir les CLOSM, fonds répartis sous cinq volets : santé, justice, immigration, développement économique, arts et culture. La *Feuille de route* venait en partie corriger le *Plan d'action pour les langues officielles 2003-2008* qui, lui, ne faisait aucunement place aux arts et à la culture, ce que le commissaire aux langues officielles[11] n'avait pas manqué de critiquer : « [P]our plusieurs, cette omission est révélatrice d'un problème plus profond, soit que les autorités fédérales ne sont pas suffisamment conscientes de l'importance vitale des arts et de la culture pour l'épanouissement des CLOSM[12] ». La nouvelle *Feuille de route* aurait-elle donc changé quoi que ce soit à cette « omission révélatrice » des arts ? Un bref coup d'œil au rapport de mi-parcours[13] publié en 2012 montre que les arts et la culture faisaient figure de parent pauvre, que c'était la priorité la moins financée, avec un budget de 18,5 millions de dollars répartis sur une période de cinq ans. Même si les arts et la culture sont finalement inclus dans un plan d'action pour les CLOSM, la place qu'on y accorde en termes de financement et d'actions concrètes pour les institutions culturelles demeure résiduelle.

---

[9] Voir l'annexe 2 du rapport pour le récapitulatif des dépenses par programme et volet, p. 29.
[10] Gouvernement du Canada, *Feuille de route pour la dualité linguistique canadienne 2008-2013 : agir pour l'avenir*, Ottawa, 2008, CH 14-21/2008, voir en ligne http://www.pch.gc.ca/DAMAssetPub/DAM-secLo-olSec/STAGING/texte-text/08-13-LDL_1358951732589_fra.pdf?WT.contentAuthority=11.0. Notons que cette feuille de route a été révisée au printemps 2013.
[11] Commissariat aux langues officielles, *Soutien des institutions fédérales aux arts et à la culture dans les communautés de langues officielles en situation minoritaire*, Ottawa, 2008, p. 3.
[12] *Ibid.*, p. 9.
[13] Gouvernement du Canada, *Feuille de route pour la dualité linguistique canadienne 2008-2013 : agir pour l'avenir. Rapport de mi-parcours*, Ottawa, 2012, CH 14-26/2012, voir en ligne http://www.pch.gc.ca/DAMAssetPub/DAM-secLo-olSec/STAGING/texte-text/rmp-mtr2012_1358951750947_fra.pdf?WT.contentAuthority=11.0.

La nouvelle *Feuille de route* 2013-2018[14], intitulée *Éducation, immigration, communautés*, n'améliore en rien le sort réservé aux arts. On y annonce une révision du Fonds d'action culturelle communautaire, qui désormais « encouragera aussi les communautés à partager leur histoire et leur culture avec une collectivité plus large et en particulier avec les locuteurs de l'autre langue officielle » (14). Cela signifie que pour obtenir du financement, il faudra que le projet artistique soit orienté vers l'accueil et l'accès des anglophones ! On y fait mention également d'un tout nouveau programme, Stratégie d'accès aux marchés, visant à développer les possibilités de diffusion de « produits culturels » et les campagnes de publicité autour de ces « produits ». En somme, l'engagement financier sur cinq ans des actions envers la culture (au travers des quatre initiatives : Fonds d'action culturelle ; Vitrines musicales ; Programme national de traduction ; Stratégie d'accès aux marchés) s'élève à 22,5 millions, sur un budget total pour la *Feuille de route* de 1,124 milliard.

Quand le Conseil des arts du Canada fait la part belle aux Anglo-Québécois

Ottawa est également actif dans le domaine des arts et de la culture au travers du Conseil des arts du Canada (CAC). Je pourrais passer en revue les nombreux rapports du CAC pour peindre le tableau désespérant de son action envers les communautés francophones minoritaires. Je me contenterai de citer un extrait du bilan 2014-2015 du Conseil, vous verrez que cela se passe de commentaires.

> Le soutien financier direct du Conseil aux communautés de langues officielles en situation minoritaire (particuliers et organismes) en 2014-2015 s'élève à 9,8 millions de dollars, dont 6,4 millions de dollars aux communautés anglophones et 3,3 millions de dollars aux communautés francophones – une augmentation générale par rapport aux 9,3 millions

---

[14] Gouvernement du Canada, *Feuille de route pour la dualité linguistique canadienne 2008-2013 : agir pour l'avenir*, Ottawa, 2008, CH 14-21/2008, voir en ligne http://www.pch.gc.ca/DAMAssetPub/DAM-secLo-olSec/STAGING/texte-text/roadmap2013-2018_1364313629232_fra.pdf?WT.contentAuthority=11.0.

de dollars accordés en 2013-2014. Le soutien aux organismes représente environ les deux tiers du montant total en 2014-2015 (3,4 millions de dollars aux organismes anglophones et 2,9 millions de dollars aux organismes francophones)[15].

Une illustration toute chiffrée démontrant comment le bilinguisme officiel, comment la dualité linguistique représente en réalité une arme politique redoutable inventée par les fédéralistes, non pour nous protéger ou nous aider, mais bel et bien pour anéantir l'indépendantisme québécois. Rappelons que les Anglo-Québécois sont aussi nombreux que les francophones du Canada (environ 950 000) mais ils reçoivent quasiment deux fois plus de financement de la part du CAC[16] !

Ce n'est pas tous les jours facile d'être un *picloté*

Au fil des années, le Conseil des arts du Canada a fait quelques efforts, notamment en signant le Partenariat interministériel avec les communautés de langue officielle (PICLO). La Fédération culturelle canadienne-française (FCCF), tout comme le Commissariat aux langues officielles ont été très critiques de ce Partenariat interministériel. Créé en 2000 par Patrimoine canadien comme levier servant à encourager les agences et ministères fédéraux à développer des programmations spécifiques pour les CLOSM, les résultats sont demeurés plutôt maigres du point de vue financier.

Ce qui retient l'attention, ici, en dehors du contexte financier, c'est

---

[15] Conseil des arts du Canada, *Review on official languages 2014-15 / Bilan sur les langues officielles 2014-2015*, voir en ligne http://canadacouncil.ca/council/resources/~/media/Files/Official%20Languages/Official%20Languages%20Annual%20Review%202014-15%20-%20Bilan%20annuel%20sur%20les%20langues%20officielles%202014-2015.pdf?mw=1382.

[16] Bien sûr, on pourrait également avancer que la composition des jurys est responsable de cette situation : les jurys francophones à forte majorité québécoise ne seraient pas très généreux envers les francophones des autres provinces, contrairement aux jurys anglophones qui soutiendraient leurs cousins anglo-québécois. Il est difficile de se positionner sur cette question étant donné que les délibérations sont secrètes. Mais même en admettant qu'il y ait du vrai (sûrement un peu, soyons honnêtes), le fait est que le gouvernement et ses agences n'ont pas pris le soin de changer les règles du système afin d'éviter de telles distorsions. En cela, ils ne respectent pas les obligations qu'ils ont envers les CLOSM.

la stigmatisation dont les artistes issus des CLOSM font l'objet. En effet, les artistes financés par le PICLO sont étiquetés « artistes PICLO », des artistes financés au titre de leur situation minoritaire et non, à priori, pour la qualité artistique de leurs projets. « Elle [la FCCF] déteste l'idée que les artistes des CLOSM soient qualifiés de "piclotés", c'est-à-dire qu'ils soient considérés comme des groupes d'intérêt entièrement dépendants d'une aide particulière qui leur serait dédiée[17]. » La stigmatisation et la marginalisation des artistes en situation minoritaire sont emblématiques du problème identitaire du Canada. Et comme je l'ai souligné dans la note de bas de page précédente, si le gouvernement et ses agences sont en dernier ressort responsables, on ne peut omettre le rôle néfaste joué par les artistes québécois dans ce processus d'infériorisation.

On voit bien là la politisation des arts : les artistes ne sont pas reconnus pour leur créativité et l'esthétique de leurs œuvres mais parce qu'ils appartiennent à une communauté de langue officielle en situation minoritaire, communauté dont la « préservation » est « garantie » par la Charte des droits et libertés et considérée comme impérative pour l'unité de la « nation » canadienne. Conscient de ce problème, mais exprimé avec une verve toute diplomatique, le commissaire aux langues officielles affirmait dans son rapport :

> Il faut que les Canadiens entendent parler de ces communautés, non parce qu'elles sont des minorités, mais parce que ce qu'elles ont à dire est souvent unique et différent et qu'il s'agit d'une partie essentielle de notre propre identité canadienne. Il faudrait que, replacées dans leur propre contexte, les meilleures œuvres produites dans ces communautés trouvent leur place sur la scène nationale. Pour ce faire, il faut repenser notre définition d'excellence[18].

---

[17] Commissariat aux langues officielles, *Soutien des institutions fédérales aux arts...*, *op.cit.*, p. 46.
[18] *Ibid.*, p. 47.

And What's Ontario Doing?

La province s'est dotée en 1986 d'une Loi sur les services en français qui précise les responsabilités de l'Office des affaires francophones et les devoirs du commissaire aux services en français. Le préambule de la Loi sur les services en français exemplifie de manière magistrale la vision que la province a des Franco-Ontariens :

> Attendu que la langue française a joué en Ontario un rôle historique et honorable, et que la Constitution lui reconnaît le statut de langue officielle au Canada ; attendu que cette langue jouit, en Ontario, du statut de langue officielle devant les tribunaux et dans l'éducation ; attendu que l'Assemblée législative reconnaît l'apport du patrimoine culturel de la population francophone et désire le sauvegarder pour les générations à venir[19] [...].

Ainsi, noir sur blanc, la province témoigne de son *désir* de *sauvegarder* sa minorité francophone. Pas une volonté ni un engagement. Pas de développement ni d'épanouissement. On verra plus loin que même l'Office des affaires francophones considère ses obligations en termes d'accès et de maintien.

L'action publique en matière de culture dans la province s'effectue principalement au Conseil des arts de l'Ontario (CAO), créé en 1963. Le CAO a développé des programmes spécifiques pour les francophones (et, plus récemment, pour les Autochtones). Si l'on examine son Plan stratégique pour 2008-2013, on remarque que la composante autochtone y est bien plus présente que la composante francophone (ce qui est bien pour les Autochtones, mais moins bien pour les francophones). On s'aperçoit rapidement que les deux groupes sont souvent mis dans le même panier que les groupes de la « diversité ». Par exemple, on peut lire : « Les artistes et les organismes artistiques autochtones, francophones, des communautés culturelles, de la nouvelle génération et de toutes les régions sont reconnus pour la valeur qu'ils apportent à la

---

[19] Gouvernement de l'Ontario, Loi sur les services en français, voir en ligne http://www.e-laws.gov.on.ca/html/statutes/french/elaws_statutes_90f32_f.htm.

population, aux cultures et aux secteurs créatifs de l'Ontario[20] » ; et encore : « [A]ugmenter les subventions aux artistes et aux organismes artistiques autochtones, francophones, régionaux et des communautés culturelles[21] ». L'unique paragraphe consacré aux artistes francophones s'apparente à un aveu d'impuissance : « Les francophones et les collectivités francophones sont répartis sur tout le territoire ontarien, ce qui crée des obstacles de taille pour les artistes et les organismes artistiques francophones lorsqu'il s'agit d'entreprendre des activités de collecte de fonds ou de développement de l'auditoire[22] ». Au moins y a-t-il une reconnaissance des défis posés à la communauté franco-ontarienne. Notons que ce paragraphe est inséré dans la section « contexte » et qu'aucune stratégie n'est avancée pour répondre à ces défis.

Malgré ces efforts, si l'on examine les discours politiques de la province, il apparaît évident que la culture n'y est pas considérée comme un secteur important. Cet état de fait s'aggrave dans le contexte idéologique néolibéral ambiant, qui met l'accent sur les *industries* culturelles et le financement privé. Dans cette perspective idéologique, la minorité francophone se trouve d'autant plus marginalisée étant donné sa petite taille et son manque historique de capital économique. Ce peu d'intérêt pour la culture est reflété dans le discours prononcé en 2010 par l'ancienne ministre responsable des affaires francophones, Madeleine Meilleur, lors de l'adoption à l'unanimité du 25 septembre comme jour officiel des Franco-Ontariens, dans lequel elle n'a pas prononcé une seule fois le mot « culture »[23].

Cette mise en contexte permet de mieux saisir que les attitudes politiques envers les CLOSM sont pour le moins ambivalentes. Si l'on doit les protéger à des fins politiques, on les oublie facilement. Certains pro-

---

[20] Conseil des arts de l'Ontario, *Plan stratégique 2008-2013 du Conseil des arts de l'Ontario*, Toronto, 2008, voir en ligne http://www.arts.on.ca/AssetFactory.aspx?did=2932, p. 3.
[21] *Ibid.*, p. 8.
[22] *Ibid.*, p. 13.
[23] Office des affaires francophones, Allocution en chambre de Madeleine Meilleur à l'occasion de la réception suivant l'adoption de la Loi de 2010 sur le Jour des Franco-Ontariens et des Franco-Ontariennes, 26 avril 2010, voir en ligne http://www.ofa.gov.on.ca/fr/ministre-discours-100426.html.

grammes leur permettent d'accéder à des fonds spécifiques, qui, en même temps, les folklorisent et les marginalisent encore plus. Les artistes en situation minoritaire veulent être reconnus pour leur art et leur création ; or, ils font partie d'un groupe auquel on a assigné des droits historiques pour des motifs politiques. Ce traitement différentiel dont ils sont l'objet (ainsi que les Autochtones) crée un ressentiment au sein de la majorité.

> Quel prix la poésie ?
> Je passe au cash avec
> le livre de Robert et
> le mien.
> Tout fier, je lui
> montre mon livre et
> lui demande si elle
> reconnaît l'homme
> dans la photo-couverture
> Elle la regarde.
> Elle ne me regarde pas.
> Elle dit, finalement :
> « Joe Clark ? »
> Je laisse tomber.
> « C'est des livres du
> gouvernement », elle continue.
> Je me demande quel gouvernement.
> Je laisse tout tomber.
> Des poètes sautent
> des fenêtres de mes yeux
> et s'effoirent à mes pieds.
> Les poètes sont pleins
> de marde et
> les rivières sont pleines
> de poètes. (Desbiens, *Poèmes anglais*, 67)

De jeunes poètes pas si optimistes

Au cours des dernières années, les gouvernements ont changé de stratégie, délaissant le discours sur la survie et la préservation et prônant le discours sur la vitalité et l'épanouissement. Je ne sais pas pour vous, mais moi j'ai l'impression que nous sommes toujours en mode survie, mais peut-être est-ce dû à mon pessimisme notoire. Alors, pour vérifier si nous étions effectivement dans un élan de vitalité comme le clament nos gouvernants, j'ai relu nos jeunes poètes. Après tout, si vitalité il y a dans nos communautés, elle devrait se sentir, s'entendre, se manifester dans le discours poétique. J'ai choisi quatre jeunes poètes : Daniel Groleau Landry, Sonia Lamontagne, Guylaine Tousignant et Daniel Aubin[24], qui me paraissent représenter assez bien la production poétique franco-ontarienne de la dernière décennie.

Pourquoi avoir choisi la littérature ? Chacun a son idée sur la légitimité d'utiliser le discours littéraire comme représentation sociale et forme d'expression politique. Rappelons avec François Paré que « [d]ans les cultures minoritaires, au sein des peuples opprimés ou victimes de violence, écrire ne peut être qu'un geste politique, un geste solidaire[25] » et que « la littérature, parce qu'elle est ni plus ni moins un discours, est le mode d'existence privilégié des peuples minoritaires[26] ». Je pense fermement qu'un poème peut nous en apprendre plus sur une société qu'un livre universitaire. Personne ne remettrait en cause l'usage fait de Zola ou de Dickens pour comprendre l'exploitation des classes ouvrières au dix-neuvième siècle. J'ose donc affirmer que les poètes ci-dessus cités nous en apprennent plus long sur nous que l'on ne le présume habituellement. Une autre critique que j'entends : « Oui, mais ce sont des premières œuvres, des œuvres personnelles exprimant le passage à l'état

---

[24] Daniel Groleau Landry, *Rêver au réel*, Ottawa, L'Interligne, 2012 ; Sonia Lamontagne, *À tire d'ailes*, Sudbury, Prise de parole, 2011 ; Guylaine Tousignant, *Carnets de déraison*, Sudbury, Prise de parole, 2005 ; Daniel Aubin, *Plasticité*, Sudbury, Prise de parole, 2004 ; Daniel Aubin, *Néologirouettes*, Sudbury, Prise de parole, 2012. Les deux recueils de Daniel Aubin seront référencés directement dans le texte, par leur titre suivi du folio.
[25] François Paré, *Les littératures de l'exiguïté*, Ottawa, Le Nordir, 2001 [1992], p. 51.
[26] François Paré, *Théories de la fragilité*, Ottawa, Le Nordir, 1994, p. 35.

adulte, les premières peines d'amour, les premières trahisons, les fragilités et interrogations de la vingtaine ». C'est vrai, mais ces œuvres sont décidément ancrées dans le Nouvel-Ontario ; elles sont donc, aussi, des œuvres politiques, collectives, qui parlent de nous et pas juste de je. Ainsi, ces multiples clins d'œil à Dalpé, on les retrouve par exemple chez Sonia Lamontagne (29) :

> un vent se lève
> qui éparpille nos langues
> éparpille les êtres
> qui *frenchent* et francisent
> sur des airs de disques brisés

Ou ceux à Desbiens, à qui Daniel Groleau Landry dédicace la première partie de son recueil, et à Dickson, dont le « ciel bleu » revient souvent. Ces allusions sont trop évidentes pour ne pas voir que ces poètes s'inscrivent dans une histoire collective et poético-politique à laquelle ils font référence. Commençons donc l'exploration... Disons-le tout de suite : pour la vitalité, on repassera !

Un des thèmes communs aux cinq recueils, c'est celui de *faire semblant* ! On y dénonce le fait que l'on fait semblant. Et cela me paraît être une affirmation très puissante, qui non seulement s'oppose à l'idée de vitalité, mais qui vient souligner que nous sommes coupables de croire que tout va bien, plutôt bien, qu'il ne faudrait pas se plaindre. Bref, on fait semblant qu'il n'y a plus de problème, plus d'oppression, que l'on a atteint l'égalité (ou l'équité ?) ; que l'on n'a plus à lutter. Cette dénonciation fait écho à Dorais et à sa critique du double mensonge[27].

Écoutons-les sur cette fausse semblance :

> Suivons cette file fatidique
> avec nos sourires empruntés
> et enfilons nos espoirs calcinés
> pour sortir jouer dans les cendres de la vie (Groleau Landry, 58)

---

[27] Fernand Dorais, *Le recueil de Dorais. Volume I...*, *op. cit.*, p. 467-468.

> mentir
> c'est ne rien dire
> laisser les autres parler
> à sa place
> [...]
> mourir
> c'est ne rien dire
> laisser les autres parler
> à sa place (Lamontagne, 18-19)

Chez Guylaine Tousignant, ce thème est récurrent, revient quasiment à chaque coin de page (8, 81, 87-88).

> Je fais semblant et j'arrête et je continue et quoi ? *Quoi ?* Rien. *Tu ne sais faire autrement que de faire semblant. Tu ne sais faire que comme si. Continuer comme si de rien n'était.* Je continue. Je continue. Je fais semblant de rire. Je fais semblant de vivre. Semblant de pleurer. Semblant de jouer. Semblant d'aimer. (Tousignant, 10)

Bref, on vit dans le déni :

> *la folie collective*
> *d'un peuple*
> *en déni de sa culture*
> *amphibie* (*Néologirouettes*, 39)

Ça commence comme ça, le faire semblant. Ou plutôt, ça continue comme ça. Le fait de continuer, malgré tout, autre thème-phare du recueil de Guylaine Tousignant. Et cela provoque un sentiment de *vide*, pas de *vie*, de *vide*. Comme le poème de Daniel Groleau Landry intitulé « Ode au vide » (66-67) :

> La solitude qui ronge lentement et avec appétit
> les lisses arêtes de nos conduits
> qui
> (dans la danse kaléidoscopique
> des journées éphémères)

> se remplissent de goudron
> au lieu de sang
> et à la place de plaisirs
> laissent un engourdissement
> qui freine la naissance
> de tout sentiment (Groleau Landry, 67)

> Vide, Je suis vide, toute vide, rien, plus rien. *Rien ?* Souffle dans ma bouche. Tu sentiras bien qu'il n'y a rien. *Rien ?* Vide et creux et Rien. Rien. *Rien ?* (Tousignant, 13)

> rien que des mots moumounes
> rien que maux de tête
> rien que le vide
> d'un marais maternel
> stagnant (*Néologirouettes*, 71)

> manifestivités d'inconocloîtrés contre
> l'auparavenant s'étirant toujours
> plus loin
> afin de rejoindre
> ses origines dans
> le vide (*Néologirouettes*, 150)

Ces deux extraits du dernier recueil de Daniel Aubin offrent une critique quasi sans détour de la façon artificielle dont les Franco-Ontariens et leurs institutions « gèrent » le passé, en idolâtrant les Pères fondateurs, en muséifiant la culture alors que l'on stagne, que l'étang est devenu un marais stagnant (voir *Néologirouettes*, 73-74 et la critique acerbe de La Nuit sur l'étang). Ce vide entraîne une impossibilité à se projeter dans l'avenir, comme l'évoque Sonia Lamontagne en écho à Patrice Desbiens :

> Je ne sais pas si je devrais
> sauter dans l'autobus pour
> Sudbury ou sauter devant
> l'autobus pour Sudbury. (Desbiens, *Le pays de personne*, 122)

> à fauquier
> on sait d'où on vient
>
> on ne sait pas où on va (Lamontagne, 23)

Ce vide évoque par ailleurs une forme de solitude, en particulier chez Daniel Groleau Landry dans ses poèmes « Ode au vide », « Le pays des regrets », et « On peut ».

> Je serai seul sur mes rivages
> à tout jamais
> solitaire
> régnant sur mes sujets
> au pays des regrets (Groleau Landry, 27)
>
> on peut facilement
> mourir de solitude
> le temps d'un
> espace silencieux
> entre le bourdonnement
> incessant
> de nos murmures
> et le grincement
> existentiel
> de nos armures (Groleau Landry, 28)

Cette solitude s'apparente à une forme d'atomisation, où l'on peine à exister de manière collective, à être un peuple, pas malgré nous, mais consciemment. Comme Daniel Aubin le rappelle, il existe bien un nous :

> fucking freedom frogs freak out
> words fail
>
> je dis je mais je nous sommes
> words fail
> tu dis je et tu t'assommes
> words fail (*Néologirouettes*, 101)

Ce vide, c'est celui du sens et de l'espace. Situation qui n'est pas sans rappeler le concept d'itinérance cher à François Paré, concept qui « appartient autant à la mythologie des grands espaces nord-américains qu'à celle des quartiers urbains marquée par la transitivité[28] ».

Nous sommes d'ici et de là-bas, des nomades. Nous nous apparentons aux diasporas de ce monde et souffrons par conséquent « d'une profonde *atopie* (une absence à l'espace) ou encore d'une déterritorialisation de l'identité[29] ».

> Depuis toujours, j'ai l'impression de vivre ailleurs qu'ici. Ailleurs qu'ici. Je suis d'ici. Ici ou là-bas, c'est du pareil au même. Je ne suis pas d'ici. Si je l'étais, j'aurais l'impression de comprendre un peu, un tout petit peu. Je ne comprends pas du tout. Je ne saisis rien. Ici ou ailleurs qu'ici? Je ne comprends rien. Alors pourquoi? C'est du pareil au même. (Tousignant, 19)
>
> ma place est ici
> là-bas
>
> nulle part en fin de compte
>
> dans une voiture
> sur une autoroute (Lamontagne, 26)

Or, sans territoire, en quête d'un espace à habiter mais qui n'est que passage, l'identité est déterritorialisée, rhizomique pour reprendre le concept explicité plus tôt[30]. L'identité surgit de plusieurs racines entremêlées, de rencontres et d'échanges au fil de l'errance; l'identité n'est pas racine unique, ancrée dans un territoire précis. En outre, le passé, les souvenirs ne sont d'aucun secours; ils sont trop fragiles:

> sur un passé parsemé
> de mémoires porcelaines (Groleau Landry, 13)

---

[28] François Paré, *La distance habitée*, Ottawa, Le Nordir, 2003, p. 41.
[29] *Ibid.*, p. 91.
[30] Voir p. 47 du présent ouvrage ou se référer à Gille Deleuze et Félix Guattari, *Mille plateaux, op. cit.*

Dans ces poèmes, il y a finalement très peu d'espoir. Et surtout, il y demeure un rapport problématique et douloureux à la langue, qui rappelle la poésie des années quatre-vingt, comme si rien n'avait changé, parce que, peut-être, rien n'a changé.

> un musicien me demande
> si le français se meurt
> comme le cellulaire
> sous-alimenté dans ma poche
>
> ma langue se recroqueville
> ma bouche se ferme à clé (Lamontagne, 57)
>
> je mords dans le français cassé
> qui se décharge
> dans le vaisseau poétique
> de mon livre
> une espèce en voie d'extinction (Lamontagne, 12)

Or, quelque chose a changé. Aubin témoigne d'une nouvelle prise de parole, d'un repositionnement politique : celui de refuser de tout réduire à la langue, de transcender la question linguistique. De prendre donc position publiquement sur cette question, alors qu'auparavant ceux qui l'avaient fait – et ils sont nombreux – le faisaient individuellement, dans le privé (dans un espace marital, ou professionnel, ou amical ; bien à l'abri du diktat familial, du diktat scolaire). Cette transcendance, qui s'apparente à une reconnaissance *de facto* de la situation réelle dans laquelle nous sommes par rapport à la langue, ne l'empêche pas de dénoncer l'oppression, l'aliénation, le rapport difficile à l'Amérique, la liberté perdue et vendue (*Néologirouettes*, 51-52). Cependant, le poète sudburois nous fait entrevoir une porte de sortie : l'acceptation de la multiplicité, de la « multidentité », du multilinguisme au sens que lui donne Glissant :

> J'écris désormais en présence de toutes les langues du monde, dans la nostalgie poignante de leur devenir menacé. Je conçois qu'il est vain

d'essayer d'en connaître le plus grand nombre possible ; le multilinguisme n'est pas quantitatif. C'est un des modes de l'imaginaire. Dans la langue qui me sert à exprimer, et quand même je ne me réclamerais que d'elle seule, je n'écris plus de manière monolingue (TTM, 26).

Il y a bien la reprise de parole, et la reprise du chemin – vers l'océan, à la fois l'inconnu mais aussi d'où nous sommes venus – ; un départ nouveau « ni traître ni ambassadeur » (*Néologirouettes*, 76). Alors serait-ce encore un nouveau cycle, encore une série d'exils comme à la fin des années quatre-vingt ? Non, pas forcément. Ils reviennent « en u-haul » (*Néologirouettes*, 133). Voilà où réside l'espoir.

Trajectoires professionnelles

De l'importance des artisans

Le mouvement CANO était caractérisé par une énergie typique de la culture de l'époque. Un des objectifs de cette jeunesse révoltée était de défier les pratiques culturelles établies. La contre-culture s'était donné pour mission de réveiller la population, de lui faire prendre conscience de la multitude des possibilités d'émancipation offertes par les arts, de lui donner l'envie de « prendre la parole », de s'exprimer publiquement, de *sortir leur langue de leur poche*. À cette époque, le français et la culture d'expression française appartenaient au domaine du privé, à la sphère familiale, au foyer. Le développement des arts franco-ontariens a ouvert l'accès à l'espace public et donné une visibilité à la communauté. Les fondateurs des années soixante-dix étaient des artisans, au sens noble du terme : ils ont appris en faisant, en façonnant, en créant des institutions à partir de rien.

Ainsi, la maison d'édition Prise de parole a officiellement embauché son premier employé – Gaston Tremblay, de son état écrivain – trois ans après sa création[31]. Pierre Bélanger, un des fondateurs de CANO, aujourd'hui éleveur de bisons et toujours militant dans l'âme, sera le premier administrateur du Théâtre du Nouvel-Ontario et concourra de

---

[31] Robert Dickson, « L'espace à créer et l'espace qui reste », *Revue du Nouvel-Ontario*, 4, 1982, p. 53 ; voir aussi Gaston Tremblay, *Prendre la parole...*, *op. cit.*

beaucoup à l'institutionnalisation et à la professionnalisation de ces jeunes artisans[32]. L'absence quasi totale d'institutions et d'organisations de langue française propres à soutenir la nouvelle culture en devenir ont poussé ces artisans à tout faire de leurs propres mains. Cela a créé un sens extrême de fatigue et une pression constante, qui conduiront, en partie, à des événements dramatiques dont le suicide en 1978 d'André Paiement, un des chefs de file du mouvement CANO. Gaston Tremblay le résume bien :

> À sa manière, André Paiement témoigne de l'angoisse qui est au cœur de toute démarche artistique. Si cette angoisse, dans un contexte normal, se résorbe habituellement au contact de l'institution, elle prend une ampleur disproportionnée dans le vacuum où il n'y a pas les bornes structurantes des institutions artistiques[33].

La tâche était sans aucun doute énorme et angoissante. Robert Dickson, en réfléchissant au dixième anniversaire de Prise de parole, a écrit :

> L'espace à créer est encore grand : des auteurs à publier, à republier et à faire reconnaître davantage ; un marché à développer de plus en plus, ici en Ontario et chez les Francophones d'autres provinces, voire même d'autres pays ; un système de distribution à perfectionner en l'absence presque totale des librairies francophones en dehors d'Ottawa et Toronto[34].

Cette première génération est celle des artisans. Comme avec un puzzle, ils ont assemblé des petites pièces pour dessiner une image, celle des « institutions nécessaires à la production et la diffusion de leur œuvre[35] ».

Ces artisans ont dû, en l'absence de maîtres, de mentors, développer des compétences en matière de gestion des organismes culturels. Ils ont été particulièrement habiles à recevoir des subventions

---

[32] Joël Beddows, « Préface », dans André Paiement, *Les partitions...volume II, op. cit.*, p. 15-18.
[33] Gaston Tremblay, « Celui qui implose dans le vacuum. De la difficulté de survivre dans le vacuum », *Voix plurielles*, vol. 1, n° 1, 2004, p. 3.
[34] Robert Dickson, « L'espace à créer... », *art cit.*, p. 76-77.
[35] Gaston Tremblay, « Celui qui implose... », *art. cit.*, 2004, p. 4.

pour des projets spécifiques[36], ce qui, quelque part, les a aussi menés à orienter leurs projets créatifs et leurs choix esthétiques vers certains horizons, en ligne avec les obligations spécifiques du financement disponible. Déjà, à l'époque, on voit surgir une identité professionnelle hybride – celle de l'artiste et du gestionnaire – chez Gaston Tremblay, par exemple, et un peu plus tard Michel Dallaire, embauché par Tremblay à Prise de parole[37] ou encore chez Paulette Gagnon.

De l'institutionnalisation

Les années quatre-vingt et quatre-vingt-dix correspondent à une période d'institutionnalisation et de professionnalisation croissante. C'est l'époque où le soutien de l'État s'affirme afin de faciliter la croissance culturelle des années soixante-dix. Bien sûr, ce soutien est apporté à une période charnière pour l'avenir du Canada, entre les référendums québécois de 1980 et 1995; et cette lutte passe, pour les autorités canadiennes, par un soutien aux communautés francophones minoritaires.

L'évolution du Théâtre du Nouvel-Ontario témoigne de ce processus d'institutionnalisation et comprend plusieurs phases, selon les directions générales. De 1982 à 1990, le TNO est dirigé par la metteure en scène Brigitte Haentjens, qui y a apporté son grand talent et sa vision; Jean Marc Dalpé est à ses côtés comme auteur en résidence, lui qui va rapidement s'orienter vers l'écriture dramatique et qui connaîtra un succès retentissant avec sa pièce *Le chien* en 1988. La pièce tournera pendant des mois au Canada comme en France, et remportera le prix du Gouverneur général (le premier de trois pour l'écrivain). Le duo Dalpé-Haentjens devient la figure emblématique et charismatique de la scène théâtrale franco-ontarienne. Sous la houlette de Brigitte Haentjens, le TNO développe un système d'opérations stable et permanent; tout en laissant une très large place à la création. Ces années confirment la place qu'occupe le TNO comme lieu de création dans le paysage théâtral canadien. Le TNO déménage également de l'Université Laurentienne

---

[36] Gaston Tremblay, *Prendre la parole...*, *op. cit.*, p. 98.
[37] *Ibid.*, p. 233-234.

pour s'installer dans une ancienne boulangerie sur la rue King, dans le quartier ouvrier francophone du Moulin à Fleur, avec d'autres organismes culturels. Ce n'est qu'en 1997 que le TNO se lancera, seul, dans une nouvelle aventure, celle de son déménagement au Collège Boréal où il dispose de sa propre salle de spectacle et de bureaux. Cette réorganisation spatiale va de pair avec le développement de nouvelles fonctions administratives.

Au final, Brigitte Haentjens a réussi à transformer un organisme fragile et amateur en une véritable compagnie professionnelle, en faisant preuve d'une forte direction artistique et d'un sens de la gestion tel que requis pour le développement d'une véritable institution. Elle a su s'entourer de personnes compétentes – au premier rang Paulette Gagnon – en qui elle avait grandement confiance –, qui ont été une des clés du succès. Les compétences acquises durant cette période – en gestion culturelle, en direction artistique – vont porter leurs fruits pour la communauté artistique dans son ensemble. Si les arts franco-ontariens avaient autant de succès, c'était grâce au travail des artistes – un travail qui exigeait également de remplir des tâches managériales ; la gestion étant envisagée entièrement comme soutien aux arts.

En 1990, Brigitte Haentjens est remplacée par Sylvie Dufour à la tête du TNO. La nouvelle directrice poursuit dans la même veine en soutenant de nouveaux dramaturges comme Michel Ouellette qui, avec sa magistrale pièce *French Town*[38] en 1994, remporte le prix du Gouverneur général. Un tournant assez radical s'amorce avec l'arrivée à la tête du TNO d'André Perrier en 1997. Les aspects managériaux et financiers sont relégués au deuxième plan ; l'accent est mis sur la production et la diffusion la plus large des œuvres. Une pièce comme *Violette sur terre* sera présentée plus de soixante fois à travers le Canada et en Europe. Tout devait être possible pour les arts et les artistes franco-ontariens, y compris la reconnaissance internationale.

Il faut souligner une constance à travers ces époques : les choix esthétiques s'orientent vers un théâtre engagé qui parle de la condition

---

[38] Michel Ouellette, *French Town*, Ottawa, Le Nordir, 2008 [1994].

sociale des Franco-Ontariens et qui, surtout, parle *pour* eux. Il semble y exister depuis toujours – et jusqu'à aujourd'hui – un consensus parmi les directions des institutions culturelles selon lequel celles-ci doivent jouer un rôle moteur pour la communauté. Mais si les institutions sont stables et reconnues pour leur travail durant les années quatre-vingt-dix, on assiste aussi a un exode important d'artistes (Dalpé, Haentjens, Desbiens, rien que ça) vers Montréal, ce qui représente un défi de taille.

Les artistes déracinés du Nord allaient-ils reconstruire leurs identités, oublier le lieu qui les avait vus éclore ? Y avait-il une relève ? Si oui, comment empêcher un nouvel exode ? La gestion culturelle va émerger – inconsciemment bien souvent – comme la solution pour garder les jeunes artistes dans la région.

C'est pas l'embarras du choix, c'est que l'embarras… Montréal ou manager, il faut choisir

Dans les années deux-mille, l'embauche de jeunes artistes dans différents postes va être privilégiée par rapport à celle de personnes formées en gestion culturelle[39]. La génération des artisans était consciente que, pour garder les jeunes créateurs, il fallait leur offrir des opportunités éducationnelles, ici, à Sudbury. De 2000 à 2009, l'Université Laurentienne offre le baccalauréat en arts d'expression, programme qui a permis à de nombreux jeunes de rester quelques années de plus à Sudbury, mais il faut souligner que c'était un programme strictement axé sur l'apprentissage du théâtre, il n'y avait pas de cours concernant par exemple la gestion ou la comptabilité. Par ailleurs, la première génération d'artisans avait rapidement appris qu'il n'était pas évident de vivre de son art en Ontario français. Et la communauté savait trop bien que si les jeunes artistes ne pouvaient réaliser leur rêve ici dans le Nord, ils

---

[39] Notons que cela aurait été difficile puisque l'Université Laurentienne n'offre pas de programme en administration des arts. Il existait bien une majeure en administration des arts à l'Université d'Ottawa, mais ce programme a été fermé. L'Ontario français n'a donc pas de programme universitaire dans ce domaine ; et d'ailleurs, dans tout le Canada français – excepté le Québec à HEC Montréal – on ne trouve aucune formation dans ce champ.

migreraient vers les grandes métropoles, pensant, parfois à tort, que le rêve serait plus facilement réalisable là-bas.

> Tu t'penses bon parce que t'es sorti de Sudbury ? Monsieur Hot Shot ! Mais icitte, on s'en crisse comme de l'an quarante. On s'en crisse de toé pis de ton trou à marde[40] !

Les institutions culturelles ont donc embauché de jeunes artistes comme animateurs culturels, gestionnaires de projet ou de librairie, directeurs artistiques ou généraux : ce sera le cas de Miriam Cusson et de Guylaine Tousignant à la direction du Salon du livre ; d'Antoine Tremblay-Beaulieu, de Christian Pelletier, de David Poulin à la Slague ; de Daniel Aubin à la librairie Grand ciel bleu puis à la Galerie du Nouvel-Ontario ; de Joël Lauzon à La Nuit sur l'étang.

Ce parti pris a eu deux conséquences positives. À travers ces professions, les jeunes artistes ont pu mettre à profit leur esprit créateur, même s'ils ont dû remplir des tâches administratives. L'environnement de travail y était propice. Ils ont également perçu un revenu stable, ce qui leur a permis de s'exprimer librement du point de vue esthétique sans avoir à dépendre de la diffusion de leurs œuvres pour survivre. À première vue donc, ce scénario représente le meilleur des deux mondes. Mais les jeunes se sont retrouvés dans la même situation que leurs aînés des années soixante-dix : n'ayant pas été formés à la gestion des organismes culturels, ils ont dû apprendre sur le tas. Le manque de compétences en gestion n'a pas eu autant d'impact sur leur capacité à gérer mais plutôt sur leur perception d'eux-mêmes comme bons gestionnaires. Ils ne se sentent pas très valorisés par leurs *jobbes*.

Depuis une bonne trentaine d'années, dans le monde des arts et de la culture, l'accent est mis sur les entreprises culturelles ; on ne parle quasiment plus d'organismes culturels communautaires. Il s'agit là d'une profonde transformation au niveau de la visée des organismes, et qui a eu entre autres conséquences d'opérer une différenciation grandissante

---

[40] Jean Marc Dalpé, *Eddy*, Montréal et Sudbury, Boréal / Prise de parole, 1994, p. 76. Ci-après référencé directement dans le texte par le titre suivi du folio.

entre « professions managériales et administratives » et « professions artistiques », soit une division complète du travail entre artistes qui créent et gestionnaires qui gèrent. Or, dans tous les organismes qui nous intéressent (TNO, Prise de parole, GNO, La Nuit sur l'étang, le Salon du livre), le directeur général est demeuré également directeur artistique. Pour les plus petits organismes sans aucun autre soutien administratif, où le directeur porte deux chapeaux et où il est quasiment seul, les risques d'échec sont grands, la charge de travail harassante. La situation est donc devenue difficile car l'environnement, le contexte, a changé. Les bailleurs de fonds en particulier s'attendent à gérer avec les entreprises culturelles ayant adopté un mode de fonctionnement bien différent de celui de nos organismes.

Depuis quelques années, on sent une ébullition créative à Sudbury autour d'un groupe très soudé de jeunes artistes extrêmement talentueux, partageant un désir féroce de créer, de faire bouger, de brasser la cage… beaucoup plus que de gérer. Certains ont clairement manifesté (d'autres l'ont chuchoté) leur aspiration à être délivrés de tâches managériales afin de pouvoir se consacrer entièrement à leur art. L'époque, perçue comme quasi mythique des premiers artisans, la façon dont cette aventure fondatrice est narrée à la nouvelle génération, est sans aucun doute inspirante. Les discours, les mythes même, sur le mouvement CANO se concentrent sur les représentations du processus et des succès créatifs plutôt que sur les graines semées sur le plan organisationnel. On se souvient d'André Paiement, de Marcel Aymar, de Patrice Desbiens, de Brigitte Haentjens et de Jean Marc Dalpé beaucoup plus que d'un Pierre Bélanger ou d'un Ivan Rancourt. Ce désir d'être exempté du travail managérial et administratif – qui existe ailleurs dans le monde – a mené à l'émergence d'un nouveau modèle de gestion des arts, un modèle décrit par Røyseng comme celui d'un *dual-role management* :

> *In recent decades, a new management model that breaks with the traditional picture of the theatre manager has been established in Norwegian theatres. A dual-role management model has replaced the management model in which the theatre manager was the sole executive manager of the theatre.*

> *Executive directors are now responsible for the financial and administrative aspects of theatres, and they work together with theatre managers who concentrate more specifically on the artistic aspects*[41].

Cette segmentation du travail de production exerce une influence profonde sur les dynamiques organisationnelles au sein desquelles la division du travail entre direction artistique et direction générale permet différentes éthiques du travail :

> *You might say that the relation between the two from the stage director's point of view is like that of the "Good Guy" and the "Bad Guy". While the role of the theatre manager is to try to inspire you, make you feel welcome, stimulate and make possible the creation of good art, the role of the executive director is do this as cheaply as possible. Always as cheap as possible*[42].

Dans ce modèle, le directeur général établit les paramètres, particulièrement en matière de finances, dans lesquels les opérations doivent fonctionner, mais il ne peut interférer dans les processus et choix du directeur artistique, qui, en retour, doit comprendre que le contexte financier est aussi la clé du succès et de la survie. Bien sûr, les artistes franco-ontariens rêvent de se débarrasser de leur identité de *bad guy*, et d'être en position de parvenir à une unité de leur identité artistique – idéalisée – sans « gestionisme ». Les réalités financières de nombreuses institutions ne permettent tout simplement pas la mise en place de ce modèle, à moins d'être une institution assez solide, comme c'est le cas du TNO. De 2003 à 2011, Geneviève Pineault a assumé les deux fonctions, de direction générale et direction artistique. En 2011, Martin Lajeunesse se joint à l'équipe pour occuper la place de directeur administratif ; le duo fonctionnant bien, ce dernier devient codirecteur général à partir de 2012. Cela permet à la directrice artistique de consacrer plus de temps à ses fonctions artistiques tout en gardant un œil et en ayant à l'esprit les paramètres financiers et administratifs. Deux éléments apparaissent

---

[41] Sigrid Røyseng, « Arts management and the autonomy of art », *International Journal of Cultural Policy*, vol. 14, n° 1, 2008, p. 40.
[42] *Ibid.*, p. 41.

indispensables pour que ce modèle fonctionne. Il faut tout d'abord que les deux personnes s'entendent bien et qu'une complicité et une complémentarité se développent. Ensuite, il faut que la direction administrative soit profondément attachée aux arts et à leur fleurissement ; il faut qu'elle ait une sensibilité particulière et un respect envers le travail et l'autonomie des artistes ; et en retour, la direction artistique doit avoir une compréhension des réalités administratives et financières. Le cas du TNO représente à ce jour une exception que d'autres voudraient voir développer. Prise de parole a récemment changé son mode de gouvernance et fonctionne maintenant avec trois codirections générales. Le temps nous dira si cela facilite la tâche des employés et profite à l'épanouissement de la maison d'édition. En attendant, les directions générales demeurent dans une identité duelle plus ou moins bien vécue, plus ou moins bien acceptée. Comme dans le rapport à la langue, cela peut provoquer un sentiment d'entre-deux (de « *in-between* »), pour ne pas dire de schizophrénie. Si les plus jeunes artistes peuvent résider à Sudbury grâce à leur emploi au sein des organismes et contribuer à l'activité artistique de la ville, il n'en demeure pas moins qu'être gestionnaire ne représente pas une panacée pour tous et que l'espoir de vivre de son art reste à réaliser.

Réinscrire la culture, le lieu et l'identité : entre espoirs et imagination institutionnelle

Le foisonnement culturel et social des années soixante-dix semble avoir en quelque sorte ressurgi. Une stratégie d'action collective s'est mise en place avec les acteurs du secteur culturel, qui ont décidé d'avancer ensemble et de prendre en main leur destin collectivement. Depuis 2007, toutes les institutions culturelles franco-sudburoises sont réunies au sein du Regroupement des organismes culturels de Sudbury (le ROCS)[43]. Ce forum informel s'est donné plusieurs objectifs : établir le

---

[43] Sont présents à la table : le TNO, Prise de parole, la GNO, La Nuit sur l'étang, le Carrefour francophone (La Slague), le Centre franco-ontarien de folklore, les Concerts de musique contemporaine 5-Penny et le Salon du livre du Grand Sudbury.

calendrier des activités culturelles pour éviter les chevauchements de programmation ; améliorer la coopération, voire établir des partenariats autour de certains projets ponctuels ; faire mieux circuler l'information ; s'entraider et partager les expertises de chacun ; créer des leviers de financement grâce à une maximisation des coûts ; porter les revendications et représenter la communauté culturelle ; et surtout se doter d'une Place des Arts, un lieu rassembleur et un foyer de création et d'activité.

Le concept de la Place des Arts est déjà bien développé avec plusieurs études réalisées pour évaluer les besoins, les coûts et la faisabilité. Paulette Gagnon, très active dans le milieu dans les années quatre-vingt, est revenue à Sudbury et a pris en charge le dossier, apportant dans ses valises non seulement une connaissance intime du milieu culturel sudburois mais également plus de trente ans d'expérience dans différents organismes culturels de l'Est ontarien et du Québec. La Place des Arts repose sur une idée assez simple : créer un espace culturel et artistique pour la communauté, ses institutions, et, par des activités commerciales, générer des revenus (l'objectif étant de ne pas dépendre entièrement des subventions publiques). Avoir un lieu commun unique permettrait de réaliser des économies d'échelle importantes, notamment si tous les organismes partagent bureaux et certains services administratifs. Alors que les processus artistiques demeurent entre les mains de chaque organisme, on peut facilement imaginer un regroupement de services administratifs tels que la réception, la comptabilité, les ressources humaines, les communications et le développement des publics. Ce nouveau lieu social et culturel abriterait : un espace de bureaux et de réunions ; une salle de spectacle ; des salles de répétitions ; un atelier ; une galerie d'art ; une librairie-papeterie ; et un café-bistro. Autrement dit, il serait à la fois un espace de travail ; un espace de production et de diffusion artistiques ; et un espace commercial.

Une place pour créer : la salle de spectacle et l'atelier-studio

Une place pour montrer : la salle de spectacle et des murs d'exposition

Une place pour former : l'atelier, les salles de répétition et d'animation culturelle

Une place pour travailler : les bureaux des organismes
Une place pour se rencontrer : la salle de réunion, le bistro, la librairie
Une place pour se financer : le bistro, la librairie
Une place pour s'informer : le point d'information sur les services en français

Cette idée, extrêmement attirante, n'est pas sans rappeler l'esprit de création collective des années soixante-dix, mais on peut identifier deux problèmes potentiels. Premièrement, quelles seraient les conséquences d'un tel arrangement pour les professions telles qu'elles sont structurées aujourd'hui ? Deuxièmement, quelles seraient les conséquences en termes de financement public ?

Barbara Jenkins, dans son étude sur les dépenses en matière de culture en Ontario, nous explique qu'il existe une tendance de la part du gouvernement provincial à soutenir ce genre de « lieux iconiques » parce qu'ils participent d'une politique touristique prise au sens large.

> *Such projects are designed not only to attract tourist dollars, but also to encourage entrepreneurship on the part of cultural organizations. Increasingly, cultural organizations are expected to pay for themselves, as indicated by the growing importance of the museum or theatre store, and the trend towards recruiting museum or gallery directors with MBAs or business experience*[44].

Le problème exposé par Jenkins est simple : le gouvernement s'attend à ce que de tels lieux soient quasi autosuffisants du point de vue financier, grâce au développement de stratégies d'innovation. Le corollaire est bien sûr la réduction du financement pour les organismes eux-mêmes. C'est une belle aventure, mais une aventure risquée. Le fait que les concepteurs de la Place des Arts aient, dès le début, pensé aux activités commerciales (librairie – même si cette dernière joue également un rôle social et culturel important –, bistro) est révélateur de l'intériorisation (inconsciente ?) par les acteurs du milieu culturel du discours

---

[44] Barbara Jenkins, « Cultural Spending in Ontario, Canada: Trends in Public and Private Funding », *International Journal of Cultural Policy*, vol. 15, n° 3, 2009, p. 330.

hégémonique néolibéral. Dans leurs esprits, il était logique de penser à un bistro étant donné la difficulté de trouver des restaurants de qualité et sympathiques à Sudbury car cette entreprise serait une industrie culturelle ; un lieu de création, l'art culinaire avec ses artisans, un lieu d'animation en français, mais il a toujours été clair qu'il avait aussi pour fonction de générer des revenus qui couvriraient une partie des frais d'exploitation de la Place des Arts.

En tant que minorité, les Franco-Ontariens font face à des contraintes démographiques, géographiques et politiques qui restreignent leur marge de manœuvre, leurs désirs et espoirs. Le projet de la Place des Arts pose une série de paradoxes. Les artistes franco-ontariens, de par leur histoire, possèdent une certaine forme et un certain style de gestion des arts, celle de la logique coopérativiste et artisanale ; et cette dernière façonne leur identité professionnelle, qu'ils en soient conscients ou non. La Place des Arts demeure un projet fondamentalement rassembleur, comblant des besoins criants, mais certains risques y sont associés qu'il nous faudra gérer collectivement, comme tout le reste.

III – Listen to the poets !

Travail et territoires dans les œuvres de Jean Marc Dalpé et Daniel Aubin

Genre et professions

En débutant l'exploration des représentations du travail, je me suis rapidement aperçue qu'elles étaient particulièrement genrées. Les professions « masculines » sont associées à l'exploitation du territoire, ce qui révèle la structure économique du Nord ontarien, à savoir une économie basée sur les ressources. Les francophones y sont dans la plupart des cas des travailleurs, et très rarement les propriétaires des moyens de production (l'exception étant le propriétaire d'un petit commerce). On trouve donc des mineurs, des draveurs, des bûcherons, des travailleurs de la construction, sans oublier les hommes sur l'assurance-chômage ou en longue maladie.

Où sont les femmes ? Elles sont présentes partout car, comme le souligne Jane Moss[1], dans l'œuvre de Dalpé, l'influence féministe est assumée – c'est le cas pour ses deux pièces coécrites avec Brigitte Haentjens mais également pour toutes ses autres créations. Les femmes y sont sensibles (les chanteuses country ratées, les danseuses paumées, l'extraordinaire Maggie tatoueuse assimilée), mais elles sont surtout décrites comme des femmes fortes, comme piliers de leurs familles. La force et le

---

[1] Jane Moss, « "Give the ladies a break" : les femmes de Jean Marc Dalpé », dans Stéphanie Nutting et François Paré (dir.), *Jean Marc Dalpé. Ouvrier d'un dire*, Sudbury, Prise de parole, 2007, p. 206-207.

rôle central qui leur sont attribuées ne viennent pas conforter la vision catholique traditionnelle, qui conçoit les femmes comme des reproductrices. Au contraire, les femmes de Dalpé sont des résistantes, notamment à l'oppression du capitalisme, mais aussi à celle de l'Église. En revanche, les hommes sont souvent dépeints comme des ratés, finalement moins engagés dans la lutte contre l'oppression et l'exploitation. Par-dessus tout, les hommes semblent incapables d'échapper à leur destin d'exploités, de monter l'échelle sociale à travers les générations, ce qui renforce leur sentiment d'échec. Souvent, ces hommes aliénés sombrent dans l'alcoolisme et la violence domestique. Le contraste est flagrant entre le portrait lugubre des hommes et celui de femmes combattantes, résistantes, droites devant l'adversité. Elles mènent la lutte, elles se débrouillent pour combler les fins de mois difficiles, elles pardonnent mais n'oublient jamais. Le théâtre de Dalpé est une ode à la force des femmes.

Les femmes y sont souvent représentées comme travailleuses, mais dans la sphère privée. Le travail maternel et marital est décrit avec minutie. Sara Ruddick[2], une grande théoricienne de la notion de travail maternel (« *motherwork* »), explique que la préservation et la croissance des enfants, ainsi que leur acceptation sociale constituent les trois aspects proéminents du travail maternel. Ce travail se caractérise par un très haut niveau de complexité – aussi bien dans l'action que dans la pensée – si on le compare à beaucoup de professions. Pourtant, il est très rarement reconnu comme du *travail*. En matière de compétences organisationnelles, le travail maternel exige beaucoup d'efforts, particulièrement s'il y a plusieurs enfants ; si le père est absent ou « inefficace » ; si l'espace occupé est hostile. Par ailleurs, ce travail maternel est souvent accompagné d'un travail salarial, celui-ci reconnu par la société. La plupart des héroïnes de la littérature franco-ontarienne occupent ces deux fonctions.

La figure prédominante de la femme fictionnelle franco-ontarienne est, bien sûr, celle de la serveuse. On serait bien en peine de trouver un livre où cette dernière n'est pas représentée. Certaines d'entre elles ont même

---

[2] Sara Ruddick, *Maternal Thinking: Toward a Politics of Peace*, Boston, Beacon Press, 1995, p. 33-34.

envahi notre imaginaire collectif, comme Debbie Courville, incarnation de cet état de fait et, par extension, de la femme franco-ontarienne :

> I am French, but
> I don't speak it...
> Do you want more
> coffee ? (Desbiens, *Poèmes anglais*, 29)

La pièce fondatrice de la littérature franco-ontarienne dans le Nouvel-Ontario, *Moé j'viens du Nord, 'stie*[3], raconte l'histoire de Nicole, serveuse, et de son copain Roger. Dans *Les murs de nos villages*[4], une des scènes s'intitule « Rita ou L'ode à la waitress ». Dans *Un vent se lève qui éparpille*[5], Marie est serveuse. Mado, la femme d'Eddy, le boxeur raté, est serveuse et chanteuse ratée. La liste pourrait être longue.

Mais pourquoi la serveuse ? Du point de vue sociologique, l'explication la plus logique reposerait sur le faible niveau d'éducation des Franco-Ontariens en général, et des Franco-Ontariennes en particulier. Pas besoin d'avoir étudié pendant de nombreuses années pour être serveuse. Ce métier ne requiert pas – à priori – de compétences particulières. Mais le métier de serveuse est également étroitement associé à une organisation territoriale du travail. Les scènes des poèmes et pièces sont souvent situées dans des *one-company towns*, où la taverne ou le *diner* occupent une place centrale et fondamentale. Puisque la structure de l'économie, et donc de l'emploi, demande une force physique importante (on pense aux mineurs, aux bûcherons), seuls les hommes sont habilités à occuper ces métiers (c'est tout au moins ce que l'on a pensé pendant longtemps), ce qui laisse aux femmes peu d'options de « carrière ». Les hommes aiment à se retrouver autour d'une bière après une dure journée de labeur. Et ce sont des femmes qui les servent.

La complexité organisationnelle du métier de serveuse, tout

---

[3] André Paiement, *Les partitions d'une époque, vol. 1. Les pièces d'André Paiement et du Théâtre du Nouvel-Ontario (1971-1976)*, Sudbury, Prise de parole, 2004.
[4] La Vieille 17 (collectif), *La parole et la loi* suivi de *Les murs de nos villages*, Sudbury, Prise de parole, 2007, p. 116-121.
[5] Jean Marc Dalpé, *Un vent se lève qui éparpille*, Sudbury, Prise de parole, 1999.

comme le travail maternel, ne reçoit pas l'attention requise. La serveuse effectue en réalité des tâches multiples, précises et répétitives. La charge de travail est énorme, d'autant plus que le propriétaire de la taverne, souvent un homme, passe potentiellement plus de temps à boire des coups avec les clients qu'à travailler. La charge de travail est souvent rendue plus lourde par un manque chronique d'employés. C'est également, dans bien des cas, à la serveuse que reviennent les tâches administratives (comptabilité, commandes, gestion des stocks). Et plus que tout, la serveuse incarne la psychologue du village, une autre profession, peut-être la plus importante.

Le monde ouvrier, la lutte des classes et l'identité franco-ontarienne

Les deux pièces coécrites par Jean Marc Dalpé et Brigitte Haentjens, *Nickel* et *Hawkesbury Blues*[6], semblent emblématiques d'un théâtre engagé, se portant à la défense des dépossédés. *Nickel* décrit la dureté du monde minier alors que dans *Hawkesbury Blues*, c'est celle de l'industrie du textile qui est dénoncée. Dans les deux, les auteurs portent une attention particulière aux façons dont le travail marque les corps. Le travail imprime sa marque au sens propre à même les corps des ouvriers et ouvrières, il y laisse des traces physiques. L'aliénation y est donc aussi bien psychologique que physique, l'aspect répétitif des deux professions renforçant ce sentiment d'aliénation. La cadence imposée dans la répétition des tâches pendant le shift s'entend, se voit dans ces pièces. Le mouvement des corps inscrit à même le rythme des mots crée, dans l'imaginaire du lecteur, une image d'ouvriers-marionnettes, dont les corps, ployés sous la souffrance et le tempo infernal, peuvent se briser, à n'importe quel moment. La présence de chansons dans les deux pièces renforce ce mouvement.

---

[6] Jean Marc Dalpé et Brigitte Haentjens, *1932, la ville du nickel, une histoire d'amour sur fond de mines*, Sudbury, Prise de parole, 1984; Jean Marc Dalpé et Brigitte Haentjens, *Hawkesbury Blues*, Sudbury, Prise de parole, 1982. Désormais, ces pièces sont référencées dans le texte par leur titre suivi du folio.

> Je travaille, je vieillis. Chaque matin je me lève avec un nouveau poids au bas du dos. Chaque matin, je me lève et ça me surprend. Ça me mord dans les reins... douze ans de mine. (*Nickel*, 36)
>
> Mes mains sont toutes croches de la machine à piquer, et ma tête vide d'avoir tant travaillé. (*Hawkesbury Blues*, 42)

Deux industries, mais une même lutte pour la classe ouvrière : celle de la syndicalisation, thème que les deux pièces abordent. Certains ouvriers veulent se rassembler pour mettre fin à leur exploitation grossière, à leurs conditions de travail dégradantes, au pouvoir et à l'arrogance sans borne des patrons et contremaîtres, aux salaires de misère. Cette lutte divise la classe ouvrière, certains ayant peur de s'engager dans le syndicalisme. Dans *Nickel*, après la mort de Youssaf dans un accident minier, sa femme, Clara, reprend le flambeau de la lutte, voulant ainsi parachever les rêves de son défunt mari. Elle aura à se battre contre la famille, la ville, l'Église, et le manque de courage de beaucoup de « camarades ». Dans *Hawkesbury Blues*, Louise, l'ouvrière héroïne, décide de s'émanciper en divorçant et en s'engageant dans le mouvement pour la syndicalisation. Dans les deux cas, les femmes sont à l'avant-garde de la lutte, elles sont représentées comme des combattantes. Pourtant, le monde syndical apparaît souvent comme un milieu masculin et masculiniste ; il est rare que soit décrit le rôle déterminant des femmes dans quelque combat au sein de ces organisations[7].

En ce qui a trait aux relations avec le territoire, les deux pièces mettent de l'avant le processus de déracinement, de l'exil permanent. *Hawkesbury Blues* s'ouvre sur une scène décrivant des familles, dont celle de Louise, se préparant à quitter l'île où elles habitent et qui va être submergée à cause de la construction d'un barrage. Relocalisés de force dans la ville d'Hawkesbury, les insulaires se sentent privés de leur identité, de leur communauté, de leur solidarité. *Nickel* met en scène

---

[7] Voir à ce titre l'excellent roman de Jocelyne Saucier, *Jeanne sur les routes*, Montréal, XYZ Éditeur, 2006. Pour une étude scientifique sur le sujet propre au monde syndicaliste minier dans le Nord de l'Ontario, voir Mercedes Steedman, Peter Suschnigg et Dieter K. Buse (dir.), *Hard Lessons: The Mine Mill Union in the Canadian Labour Movement*, Toronto, Dundurn Press, 1995.

une communauté où cohabitent des Canadiens français, des Ukrainiens, des Italiens, des Polonais, tous des exilés, des dépossédés, des damnés de la terre qui ont migré vers la ville du nickel pour travailler dans le trou. La pièce accorde une grande place à la description des relations parfois difficiles entre ces nationalités au sein de l'espace de travail. Par exemple, ce contremaître canadien-français qui fait du chantage auprès des siens qui sont pour la syndicalisation, en jouant la carte de la solidarité « ethnique » :

> I'm one of the first fucking frenchies to get to be a shift boss. Je vous protège tabarnac when you guys fuck things up. Je pousse pour faire rentrer d'autres Canadiens français. Je pousse pour que vous ayez les jobs les plus faciles. [...] Je veux la liste des gars qui ont signé. (*Nickel*, 35-36)

Au final, c'est la solidarité de classe qui prime sur les divisions ethniques ; une solidarité entre exploités et dépossédés qui va au-delà de la langue, du pays d'origine et de la couleur de la peau. La relation au territoire y est comme les deux faces de Janus : il représente l'espoir d'un avenir meilleur, mais aussi la perte des racines. Le milieu de travail est dur et dangereux, tout en étant la seule option pour gagner son pain et nourrir sa famille.

Finalement, l'identité des travailleurs est façonnée par leurs conditions de travail et les territoires qu'ils habitent. Dans son recueil de poésie, *Gens d'ici*, Dalpé s'est efforcé de caractériser cette identité avec la précision d'un horloger :

> Gens d'ici
> Gens de terre et forêt
> tout le pays au cœur
>
> Gens de chez nous
> nous sommes d'immenses espaces... (*Gens d'ici*, 14)

> L'Histoire, la nôtre
> qui nous nourrit d'espoirs et de rêves
> est celle des porteurs d'eau et des petites gens
> plutôt que celle des Grands de ce monde

>   Elle est celle
>   des bûcheux, draveurs et raftsmen
>   Gens de forêt, de bois et de rivières
>   Gens de boxesaws et de haches
>
>   Pis envoye mon homme
> bûche pis scie pis charrie pis empile
> [...]
>   Elle est celle aussi
>   des ouvriers et ouvreurs de pays
>   travailleurs pour la petite paye
>   bâtisseurs de chemin de fer et de chez nous
> [...]
>   Elle est aussi celle
>   des mineurs
>   aux visages endurcis
>   couleur de roche, couleur de rouille (*Gens d'ici*, 55-58)

Mais si nous écrivons, si nous parlons, si nous crions

Nous, les Nigger-Frogs de l'Ontario

C'est pour ne plus jamais se taire
C'est pour ne plus jamais se cacher
C'est pour ne plus jamais se dire sans chez-nous
C'est pour ne plus jamais avoir peur ni se faire peur
C'est pour ne plus jamais avoir à faire la belle pour un os
C'est pour ne plus jamais se rabaisser les yeux devant ceux
                qui dînent avec les juges

C'est pour ne plus jamais s'empêcher de chanter
                s'empêcher de danser
                s'empêcher de rire
                s'empêcher d'aimer

> C'est pour ne plus jamais se taire
> C'est pour ne plus jamais se taire
> C'est pour ne plus jamais se taire... (*Gens d'ici*, 94)

Dans ces extraits de *Gens d'ici*, qui serait selon Robert Dickson[8] « le seul recueil identitaire » des décennies soixante-dix et quatre-vingt, se dessinent clairement plusieurs similarités avec les discours de Glissant sur la créolisation de l'espace antillais. On y retrouve pêle-mêle le rêve, le cri, la révolte, le silence, l'inscription du travail dans les corps, le chant, la danse. Les histoires faites de souffrance sont tout ce que nous possédons et elles nous permettent de rêver, rêver de s'émanciper. L'injonction, le cri lancé par Dalpé à la communauté – de ne plus jamais se taire –, fait écho au constat de Glissant sur le monde contemporain : « Mais c'est le monde entier qui vous parle par tant de voix bâillonnées » (TTM, 15). Évoquant le Tout-Monde, cet enchevêtrement d'imaginaires et d'échanges dépassant toute frontière et rassemblant les humanités, Glissant affirme que « nous acceptons maintenant d'écouter ensemble le cri du monde » (TTM, 17), cette multitude de voix, autrefois réduites au silence par l'Histoire et qui aujourd'hui émergent de toutes les périphéries pour converger vers le chaos-monde. Ce chaos-monde, Glissant le définit comme n'étant

> ni fusion ni confusion : il ne reconnaît pas l'amalgame uniformisé – l'intégration vorace – ni le néant brouillon. Le chaos n'est pas « chaotique ». Mais son ordre caché ne suppose pas des hiérarchies, des précellences – des langues élues ni des peuples-princes (PR, 108).

Le chaos-monde se fonde sur la diversité des mémoires, la Relation entre tous les hommes et leurs imaginaires et représentations.

La voix des Nigger-Frogs que Dalpé appelle à faire entendre et à être entendue est une (multiple en elle-même) parmi cette multitude. Elle participe intimement du mouvement de créolisation. Les éléments

---

[8] Robert Dickson, « "Les cris et les crisse !" : relecture d'une certaine poésie identitaire franco-ontarienne », dans Lucie Hotte et Johanne Melançon (dir.), *Thèmes et variations. Regards sur la littérature franco-ontarienne*, Sudbury, Prise de parole, 2005, p. 198.

que sont le rêve, le cri et le chant forment ce que Glissant nomme « la pensée de la trace » : la trace de la langue de la mère patrie quittée jadis et à laquelle nous ne reviendrons jamais ; la trace des souffrances de l'exploitation, de l'humiliation, de la faim, de la honte, de la peur. Ces traces que les Africains des Amériques ont « fécond[ées] » (TTM, 19) en inventant le jazz, les langues créoles, le rap, le hip-hop, etc. Finalement Dalpé nous implore de féconder toutes nos traces, de chanter, danser et rire – en un mot de participer au mouvement mondial d'émancipation des sans-voix. Les parallèles entre la pensée de Glissant et *Gens d'ici* sont troublants et culminent dans la métaphore du Nigger-Frog. Dalpé y décrit les gens d'ici dans leur profonde multiplicité – ils sont ouvriers, travailleurs, bâtisseurs, mineurs, bûcherons, draveurs, *raftsmen* –, ils sont venus un à un, en grappes, en famille, dans un exil contraint pour aboutir dans cet espace hostile et froid. La multiplicité ainsi nommée constitue leur identité-rhizome, nécessairement rhizomique, elle ne peut pas être unique. Il y a trop de brassages, de métissages, d'accents, de trajectoires personnelles dramatiques. Il s'agit bien, comme Glissant le propose, « d'une identité-relation, d'une identité-rhizome : [...] voilà bien une des passions de ces communautés opprimées, de supposer ce dépassement, de le porter à même leur souffrance » (TTM, 22).

Gens d'ici, dont certains ont souligné l'optimisme en antithèse avec la poésie de Desbiens[9], ne propose pas un optimisme mièvre à prétention universaliste. Le propos ne s'inscrit pas dans la modernité occidentale, qui s'est posée comme centre du monde et a imposé son universalité. Au contraire, il est situé dans la marge, à la périphérie. Quand le poète porte la parole des opprimés au travers d'une représentation positive, en donnant espoir, alors il s'inscrit dans ce que Glissant appelle le chaos-monde. Il participe de la « [P]oétique de la Relation, ce possible de l'imaginaire qui nous porte à concevoir la globalité insaisissable d'un tel Chaos-monde, en même temps qu'il nous permet d'en relever quelque détail, et en particulier de chanter notre lieu, insondable et irréversible. L'imaginaire n'est pas le songe, ni l'évidé de l'illusion » (TTM, 22). Il

---

[9] *Ibid.*, p. 197-200.

ne nous permet pas tout de suite de nous extraire de la condition de minoritaire opprimé, mais il nous fait voyager en rêve ; il nous met en relation avec les autres ; il nous ouvre à un avenir possible. Il nous permet d'entrevoir que nous partageons un destin commun avec de nombreux autres peuples minoritaires. Du coup, nous ne nous situons plus dans une périphérie isolée, mais dans le tourbillon de toutes les périphéries du monde qui, ensemble, sont en train de le changer.

De la sueur, des accidents, la petite paye, il y en aura encore ; Dalpé ne nous promet pas des lendemains qui chantent. Il nous enjoint à prendre cette douleur, cette peur, cette honte puis à espérer et à rêver. Il nous enjoint à sortir du silence et à crier, à rentrer dans l'Histoire, à écrire et parler – nous avons des choses à dire, nous avons une culture, n'en déplaise aux nostalgiques de Durham –, à participer à l'extraordinaire mouvement de créolisation, en ce moment, ici et maintenant. Cette créolisation décentre et recentre, et ses acteurs en sont les anciennes périphéries ; les anciennes marches des empires ; les bouts du monde ; le quelque part au milieu de nulle part perdu dans les épinettes ou le milieu de partout[10] ; les Sudbury, Kingston (Jamaïque), Fort-de-France, Nouvelle-Orléans, Mindelo (Cap-Vert) et tous les autres bidonvilles et *shanty towns* de ce monde d'où surgit une masse grouillante criante et chantante d'hommes et de femmes qui prennent la parole, créent, transforment leur misère historique en beauté émancipatrice.

J'ai déjà mentionné que selon Stuart Hall, une identité s'exprime toujours et avant tout d'un lieu. Ce lieu n'est pas nécessairement physique ; il peut être un imaginaire. Or, il me semble que dans son recueil, Dalpé s'attarde justement à décrire ce lieu imaginaire tant les topoï (au sens premier du terme, la terre, la forêt, la rivière, etc.) sont énumérés pour en arriver à former un topos (au sens littéraire du terme) caractéristique de, et propre à la littérature franco-ontarienne. C'est ce lieu d'où on parle, d'où on énonce le Nous, qui nous donne un système de représentations, constitue une positionnalité, qui, pour Stuart Hall est un prérequis à la formation d'une identité. Il explique que cette

---

[10] Thierry Dimanche, *Le milieu de partout*, Sudbury, Prise de parole, 2014.

identité se dessine – en continu – à partir d'histoires spécifiques, celles des petites gens, des gens de forêts, de bois et de rivières, et de répertoires culturels d'énonciation :

> I think cultural identity is not fixed, it's always hybrid. But this is precisely because it comes out of very specific histories and cultural repertoires of enunciation, that it can constitute a "positionality", which we call, provisionally, identity. It's not just anything. So each of those identity-stories is inscribed in the positions we take up and identify with, and we have to live this ensemble of identity-positions in all its specificities[11].

Et il faudrait ajouter l'importance d'écrire nos histoires – ce que font nos poètes. Écrire pour se projeter dans l'avenir. Raconter nos histoires multiples, qui forment notre identité-rhizome, afin que cette dernière s'affirme dans le futur. Dalpé utilise la répétition « pour ne plus jamais se taire » de façon à nous conjurer de nous construire un futur. L'identité se définit alors comme

> those historical experiences, those cultural traditions, those lost and marginal languages, those marginalized experiences, those peoples and histories which remain unwritten. Those are the specific roots of identity. On the other hand, identity itself is not the rediscovery of them, but what they as cultural resources allow a people to produce. Identity is not in the past to be found, but in the future to be constructed[12].

« C'est pour ne plus jamais se taire » fonctionne dès lors comme un refrain. Deleuze et Guattari dans *Mille plateaux* définissent un refrain comme un « assemblage territorial ». Le refrain crée toujours un paysage, un milieu (formé par la répétition) dans lequel – en tant que lieu de passage – les individus coexistent, s'expriment et au travers de leurs interactions répétées façonnent une identité, des codes, sans cesse recodés, transcodés, décodés. Si je convoque ici Deleuze et Guattari pour

---

[11] Stuart Hall, « The formation of a diasporic intellectual: An Interview with Stuart Hall by Kuan-Hsing Chen », dans David Morley et Kuan-Hsing Chen (dir.), *Stuart Hall: Critical Dialogues in Cultural Studies*, Londres, Routledge, 1996, p. 502.
[12] Stuart Hall, « Negotiating Caribbean Identities », *New Left Review*, vol. 205, 1995, p. 14.

apporter un éclairage à *Gens d'ici*, c'est que dans leur ouvrage ce sont bien les minorités qui sont au cœur du propos, des minorités occupant un espace-temps, un chronotope pour citer Mikhail Bakhtine (j'y reviendrai) habité par des nomades, des errants. Deleuze, dans *Pourparlers*, rappelle que « le nomade au fond reste attaché à sa terre, produit des mouvements aberrants, si vous préférez il gigote, il se débat, il résiste comme le touareg dans son désert[13] ». Ce nomadisme se retrouve dans le « rêve américain » mais également dans l'américanité profondément ancrée dans l'écriture même de Dalpé.

Le « rêve américain » de la réussite professionnelle et les identités diasporiques

Le Nord est un territoire hostile. Que ce soit les espaces sans fin de forêts symbolisant depuis la nuit des temps, dans tous les contes, l'espace sauvage, inconnu, barbare qui s'oppose à l'espace civilisé et habité, ou que ce soit les espaces confinés des mines. Ces territoires oppressent, étouffent par leur immensité ou leur exiguïté. L'oppression territoriale se double de l'exploitation historique de la force de travail franco-ontarienne. Dans ce contexte, chaque génération a rêvé de s'évader, de quitter le « trou », de s'inventer un avenir différent. La « grande ville », Montréal, New York ou « même Toronto », résonne comme territoire d'espoir, du possible, un paradis où l'on pourrait échapper au destin ancestral, minier ou forestier. Il existe une tension constante entre le petit village, la petite ville où rien ne change jamais et la grande ville en mouvement permanent. Dans les « trous paumés » du Nord, la structure et l'organisation du travail semblent immuables et inchangeables ; alors que les grandes villes offriraient d'infinies possibilités de changements et de mouvements dans l'organisation et les opportunités de travail.

La petite ville, le village, sont souvent dépeints comme un « trou ». Cette métaphore filée[14], marque de fabrique de Dalpé, révèle à quel

---

[13] Gilles Deleuze, *Pourparlers (1972-1990)*, Paris, Éditions de Minuit, 2003 [1990], p. 233.
[14] Voir Natalie Dolbec, « La théorie du descriptif et ses applications à l'analyse du théâtre », dans Stéphanie Nutting et François Paré (dir.), *Jean Marc Dalpé...*, *op. cit.*, 2007, p. 92.

point les gens se sentent *pognés* dans un *trou de marde avec une job de marde*. Le trou symbolise aussi bien la mine que les *nowhere one-company towns*[15], mais également les trous sexuels, le trou originel de la mère... et celui, interdit mais convoité et conquis de la nièce Marie (*Un vent se lève qui éparpille*) ou de la fille adoptive Céline (*Le chien*). C'est l'endroit où tout commence... et où tout finit. Malgré la haine profonde du trou, certains y reviennent, comme un retour au territoire anténatal. Ces retours – que ce soit celui de Jay (le fils dans *Le chien*) ou de Marie – renforcent le sentiment d'échec. Le désir irrépressible de *crisser son camp de ce trou* ressort comme un thème récurrent de l'œuvre de Dalpé, en particulier dans les pièces *Le chien* et *Eddy*, mais aussi dans son roman *Un vent se lève qui éparpille*.

Eddy raconte l'histoire d'un jeune Sudburois qui, après le décès de son père dans une mine, décide de partir à Montréal chez son oncle, Eddy, professionnel de la boxe. Ce dernier a fait le même voyage quelques années auparavant, mais il a échoué dans son rêve de devenir un vrai boxeur et un vrai gérant de boxe professionnelle. Avec sa femme Mado, ils font vivoter un petit snack-bar. Celui qui a voulu échapper à la vie misérable de mineur n'a trouvé que la vie misérable de gérant de snack-bar, déraciné, perdu dans un quartier morbide de la grande ville. Honteux de cet échec, il a caché la vérité à sa famille, vérité que Vic, le neveu fraîchement débarqué, découvre aussitôt. « Fait que son beau restaurant fancy, c't'un snack-bar. Pis son first class gym, c't'un grenier pas d'fenêtres » (*Eddy*, 67). Montréal se dessinait comme la ville de tous les possibles, l'antithèse du trou où rien ne se passe jamais : « Montréal ! La ville ! L'action ! » (*Eddy*, 18) Mais Eddy est hanté par un spectre qui lui rappelle que « [f]aut jamais oublier d'où tu viens, Eddy. [...] T'oublies d'où tu viens, t'oublies qui t'es » (*Eddy*, 23). Le spectre fait la même recommandation au jeune Vic (*Eddy*, 27). Vic ne veut pas être un numéro, un numéro de mort dans un rapport de compagnie minière. La description de l'organisation exprime la déshumanisation : « Pis là, un jour, tu crèves. Tu crèves, ton nom sort sur un écran dans un bureau.

---

[15] Jean Marc Dalpé, *Un vent se lève...*, *op. cit.*, p. 19.

J'sais pas comment. Un bouton. Tout' se fait avec des boutons astheure fait que c't'un bouton. Un bouton à l'hôpital. Zing à compagnie : un d'mort ! » (*Eddy*, 36-37) Vic dépeint à nouveau l'inhumanité du travail : « Pas d'ostie d'shift de nuit pour moé ! Pas d'ostie d'cage, pas d'ostie d'drill, pas d'ostie d'muck, pas d'ostie d'slague, pas d'ostie d'fuck-all de tout' ça ! » (*Eddy*, 39) L'opposition entre les deux territoires s'exprime en des termes très durs et méprisants : « Tu t'penses bon parce que t'es sorti de Sudbury ? Monsieur Hot Shot ! Mais icitte, on s'en crisse comme de l'an quarante. On s'en crisse de toé pis de ton trou à marde ! » (*Eddy*, 76) Dalpé associe ces deux territoires au déracinement, au déclassement social. En lieu et place des rêves glorieux, c'est l'échec, l'entre-deux inconfortable qui est mis en avant.

Eddy s'inscrit dans une filiation avec *Le chien*. Si certaines des thématiques sont communes, les lieux divergent. *Le chien* nous emmène dans le Nord et ses forêts, cet « espace psychique », selon les mots de Mariel O'Neill-Karch[16]. Plus que jamais les relations à l'espace et aux territoires sont constitutives du récit. La pièce s'ouvre sur le dialogue intérieur de la mère qui avait des rêves pour son fils, des rêves qui ne pouvaient se réaliser que s'il parvenait à quitter cette « ostie d'place de cul », le « trou à marde » dans lequel elle l'a mis au monde. Jay est effectivement parti, et il revient après des années de pérégrinations à travers l'Amérique poursuivant les contrats autant que fuyant sa famille et son Nord natal. Revenu, il dépeint une Amérique idéalisée, la terre promise des opportunités (*Le chien*, 82). Il s'en est plutôt pas mal sorti, mais a ressenti le besoin de venir confronter le Pater haï, confronter le complexe œdipien, cette pièce s'inscrivant comme une reprise des mythes antiques aussi bien dans sa structure que dans ses thèmes. Le père fuit la discussion, se concentre sur le travail, seule chose qui lui donne une certaine individualité et une capacité d'agir propre ; il répète à son fils Jay qu'il n'y a pas de *jobbe* pour lui *icitte*, que les compagnies ferment, qu'il faut qu'il aille travailler demain. Le grand-père meurt le jour du retour de

---

[16] Mariel O'Neill-Karch, « Préface », Jean Marc, Dalpé, *Le chien*, Sudbury, Prise de parole, 2003 [1988], p. 11.

Jay. Les discours se veulent nostalgiques du bon vieux temps, même si tout le monde sait que le bon vieux temps n'a jamais été bon sur la terre du Nord. Le grand-père exilé sur ces terres nordiques hostiles qu'il lui a fallu défricher à la sueur de son front, à la force de ses bras. Jay, avec son départ, son exil, a mis un terme à ce destin, a brisé la filiation en refusant de cultiver la terre familiale (*Le chien*, 53). Ainsi le père divague sur le mythe de cette terre, sur la promesse faite à son père de continuer, dans cet espace-temps immuable où rien ne change, sauf qu'il faudra plus d'argent pour cultiver la terre à présent[17]. Critique implicite de l'organisation du travail agricole qui se transforme avec la mécanisation, et constat de la disparition de l'agriculture de subsistance, autrefois constitutive de l'identité et de sa relation au territoire. Cette nostalgie s'accompagne d'un discours héroïque ; l'héroïsme de ces hommes qui ont maîtrisé la nature[18], l'ont vaincue – mais à quel prix ! Ces discours – héroïques et nostalgiques – se heurtent au discours maternel, qui exprime la haine profonde du territoire, de ce trou (*Le chien*, 57). Le père ne cesse de répéter à son fils « Y'a rien icitte pour toé » (*Le chien*, 74), invitation au départ, invitation au voyage sans billet de retour, sans poésie. Le rêve de la mobilité sociale ne peut se réaliser dans ces territoires hostiles.

---

[17] On remarquera que les mêmes thèmes sont repris dans *Un vent se lève qui éparpille* : le père de Marie a abandonné la terre familiale, et son frère, qui a repris la terre, tourmenté par sa relation avec Marie, va la quitter également.

[18] Point de liberté sans maîtrise de la nature, mais également une nécessité qu'il faut dépasser pour s'émanciper… : « Tout comme le sauvage, l'homme civilisé doit lutter avec la nature pour satisfaire ses besoins, conserver et reproduire sa vie ; cette obligation existe dans toutes les formes sociales et les modes de production, quels qu'ils soient. Plus l'homme civilisé évolue, plus s'élargit cet empire de la nécessité naturelle, parallèlement à l'accroissement des besoins ; mais en même temps augmentent les forces productives qui satisfont ces besoins. Sur ce plan, la liberté ne peut consister qu'en ceci : l'homme socialisé, les producteurs associés règlent de façon rationnelle ce procès d'assimilation qui les relie à la nature et le soumettent à leur contrôle commun, au lieu de se laisser dominer par lui comme par une puissance aveugle, l'accomplissant avec le moins d'efforts possibles et dans les conditions les plus conformes à leur dignité et à la nature humaine. Mais ce domaine est toujours celui de la nécessité. C'est au-delà de ce domaine que commence l'épanouissement de la puissance humaine qui est son propre but, le véritable règne de la liberté. Mais ce règne ne peut s'épanouir que sur la base du règne de la nécessité. La réduction de la journée de travail en est la condition fondamentale. » Karl Marx, *Le capital, tome III*, Paris, La Pléiade, 1982, p. 1487.

Nouveaux territoires et nouvelles professions : les dilemmes identitaires chez Daniel Aubin

En s'intéressant de près à l'œuvre du jeune poète Daniel Aubin, j'ai voulu inscrire mon propos dans une perspective intergénérationnelle. Soulignons tout d'abord quelques différences et similarités entre Daniel Aubin et Jean Marc Dalpé. Tout d'abord, leurs processus créatifs suivent des voies opposées : Dalpé prend son temps, écrit, laisse décanter, revient sur le texte, c'est un adepte du fignolage, du polissage ; alors que Daniel Aubin ne sort jamais de chez lui sans son petit carnet brun ; il écrit tout le temps, lâche les mots plus vite qu'Audie Murphy tire sur la gâchette. Il y a un sentiment d'urgence dans son écriture, ce qui n'empêche pas sa plume d'être précise et ciselée. Dalpé, si sa langue est poétique, se dit avant tout dramaturge ; alors que Daniel Aubin s'affirme avant tout poète. Dalpé a fait le choix de la langue des ouvriers ; Daniel Aubin invente sa propre langue en s'amusant avec les mots ; Dalpé s'amuse avec les images. Les deux possèdent une écriture rythmée, leurs textes sont faits pour être énoncés, *performés*, joués ; et les deux – ils sont aussi comédiens – affectionnent cet exercice. S'il n'y a pas de revendication de filiation assumée, ce sont deux hommes, deux voix, deux destins qui se font écho, à une génération d'écart. Que Daniel Aubin reprenne le rôle de Jean Marc Dalpé dans *Les Roger* au TNO en 2012, ou que Dalpé lise du Aubin et vice versa à la 40e Nuit sur l'étang, tout cela n'est peut-être pas le fruit du hasard.

Ce qui frappe à la lecture du premier recueil de Daniel Aubin, *Plasticité*, paru en 2004, ce sont les profonds changements que l'organisation du travail et la relation aux territoires ont subis en une décennie. Les mines et la forêt sont omniprésentes comme antithèse de ce nouvel univers. Le « héros » est bien fils et petit-fils de mineurs et de bûcherons, mais il travaille dans un centre d'appel, Omega (Omega la fin, le O symbole du trou, tout commence et tout finit là). De l'exploitation des ressources naturelles, on est passé à l'exploitation des ressources liquides, de la matière grise du cerveau (thème récurrent chez Aubin). Cette évolution marque un changement du rapport au territoire. Le héros erre dans les rues de la ville, il a quitté les trous pour les impasses d'un centre urbain. Il souffre du manque de sens à donner à ces nouveaux espaces et territoires. Il suffoque dans son building (comme son père dans la mine) et cherche de l'oxygène. Cette oppression qui pèse sur les poumons s'illustre avec la parabole des fleurs en plastique. Elles veulent être déplastifiées et oxygénées. La trajectoire de vie de ces plantes sert de parabole à la vie du héros et des autres de sa génération. Elles ont perdu leur lien intrinsèque avec la terre.

> je vends des
> cartes de crédit
> plastiques
> avec un téléphone
> plastique et
> un ordinateur
> plastique dans
> un édifice avec
> des plantes
> plastiques
> des plantes
> plastifiées
> qui veulent à
> tout prix
> pousser et
> se déplastifier et
> s'oxygéner
> mais je fume
> trop (*Plasticité*, 16)

Le trait commun avec l'œuvre de Dalpé demeure donc l'oppression dans l'organisation du travail, mais aussi l'oppression territoriale. Si Aubin offre à la littérature franco-ontarienne une nouvelle approche de l'organisation et du territoire, on peut y discerner une certaine nostalgie de l'ancienne fiction-monde territoriale. Certaines scènes se déroulent dans un café « organique » où les vraies plantes demandent au héros comment se portent leurs cousines plastifiées :

> j'ai déjà vendu
> trois
> cartes de crédit
> plastiques
> les plantes
> me surveillent
> et me parlent
> et m'écoutent
> et me demandent
> comment vont
> leurs cousines (*Plasticité*, 22)

Ces plantes parlant au héros peuvent être perçues comme une allégorie de l'appel de mère Nature, ou encore de l'appel des ancêtres, comme une réminiscence d'un territoire originel (dans *Le chien*, le spectre du frère d'Eddy ou le fantôme du grand-père occupent la même fonction). L'image omniprésente du café organique montre les paradoxes schizophréniques de cette jeune génération. Le concept du café organique (aussi bien le produit que l'endroit) est le résultat du système capitaliste globalisé. Le café est emblématique des premiers développements de la mondialisation, qui commence avec la colonisation des Amériques. La production et la consommation mondiales de café jouent un rôle prépondérant dans la division sociale globalisée du travail; dans l'exploitation de millions de travailleurs dépossédés de leurs terres de subsistance pour produire ce qui sera bu par plaisir par d'autres travailleurs. Le café incarne tout à la fois la division Nord-Sud et la division du prolétariat, les prolétariats des différents pays se retrouvant en compétition les uns avec les autres ou ayant des intérêts divergents qui empêchent leur union et donc une réelle transformation économique du monde. Le concept de café organique semble bel et bien antithétique de la réalité historique.

> je réalitrêve
> synthétique
> je ne suis

plus organique

(organisme)

modifié
plastifié
terrorisé
et terrestre (*Plasticité*, 57)

Le héros n'est plus organique ; l'organique c'est la relation avec la nature organique – la terre, les forêts, les lacs. Il a perdu son Soi et se retrouve seul dans ce monde et ce travail « plastifié ». Il a été coupé de ses racines. La solitude est renforcée par le fait qu'aucun autre travailleur n'est mentionné, alors que les centres d'appel sont remplis de travailleurs disposés en *open-space* mais qui sont désolidarisés, atomisés (le héros se dit « engaragé »)[19]. Aucune relation avec les autres, aucune relation territoriale, aucune solidarité, aucune communauté. En cela le destin de cette jeune génération s'avère peut-être moins enviable que celui des générations précédentes de mineurs et de bûcherons.

Trois solutions ?

Ces quelques représentations de l'organisation du travail et des territoires sont primordiales dans la mesure où elles permettent de montrer et de dénoncer le contexte d'oppression et d'aliénation dans lequel les Franco-Ontariens se trouvent. En effet, la littérature, avant d'être espace de libération[20], est avant tout espace de dénonciation, espace d'expression du Nous – qui vivons tellement souvent dans le silence auto-imposé et le déni. Ces représentations permettent de créer une conscience collective de minoritaires opprimés. Invisibles dans la structure économique capitaliste, nous devenons visibles grâce aux écrivains[21], aussi paradoxal que cela puisse paraître. En faisant la lumière sur notre condition

---

[19] L'atomisation de la société est une des caractéristiques d'un régime totalitaire, selon la grande philosophe Hannah Arendt (*Les origines du totalitarisme*, Paris, Gallimard, 2002 [1951]).
[20] Fernand Dorais, *Le recueil de Dorais, volume I...*, op. cit., p. 464.
[21] François Paré, *Théories de la fragilité*, Ottawa, Le Nordir, 1994, p. 38-39.

d'oppression et de marginalisation, la littérature crée justement cette identité créole dont je parle parce que cette condition est une communauté d'expériences que nous partageons avec beaucoup de nouveaux arrivants dans nos communautés. Dans cette littérature, ils peuvent déceler des résonances à leur histoire et donc se l'approprier, la faire leur. Quelque part, c'est une chance, un avantage. Quand un immigrant arrive dans un groupe dominant et dominateur, il lui est rarement possible d'adopter l'identité de ce groupe ou d'y être admis ; il lui est plus facile de s'intégrer dans un groupe dominé. La littérature nous permet tout simplement d'exister collectivement. Et cela est valable pour tout groupe minoritaire dont la voix porte peu sur la place publique. Le minoritaire a intériorisé le silence. Il se tait, c'est là sa stratégie de survie historique. Il se plie, il courbe l'échine, il se décourage – « à quoi bon puisque l'on disparaît *anyways* » –, parfois il renie ou il fuit, comme Eddy. La seule chose qui nous reste, ce sont nos écrivains, et c'est déjà pas si mal.

On me rétorquera que l'identité créole revendiquée s'accommode mal, justement, du rapport aux territoires et à l'espace. Le Nord, c'est sacré dans la littérature franco-ontarienne et ce depuis la toute première pièce, *Moé j'viens du Nord, 'stie*. Effectivement, je crois que, dans les années soixante-dix, au début de cette aventure littéraire, le territoire remplissait une mission fondamentale, il faisait le lien entre de multiples communautés dispersées avec l'espoir de faire émerger une conscience collective. Le Nouvel-Ontario était alors un jeune concept qui cherchait à se démarquer, à se délimiter (le *limes* romain, la frontière). Or, je crois qu'aujourd'hui, ce territoire est devenu espace, il s'est en quelque sorte déterritorialisé. Parce que, comme l'exploitation, le territoire – dur, inhospitalier, immense et pourtant exigu – que l'on aime et hait à la fois, se retrouve ailleurs, existe dans d'autres contrées. Et qu'il faut concevoir ce territoire comme espace métaphorique de notre marginalisation et de notre périphérisation dans le monde. Il ne faut pas le prendre au sens premier, mais au sens symbolique. Parce que, justement, la littérature a évolué depuis les premières pièces de Paiement – d'un « théâtre d'espace[22] » ancré dans une réalité, à un espace imaginé. Notre littérature est aujourd'hui plus nomade, et chantée par des errants. Cette évolution correspond peut-être à une étape vers l'émancipation. Il y a vingt ans, Levac ne voyait que deux alternatives : « l'assimilation définitive ou un tribalisme dépassé, mais seul salutaire[23] ». Glissant se pose en critique de cette pensée binaire :

> « Vivre un enfermement ou s'ouvrir à l'autre » : c'est l'alternative à laquelle on prétendait réduire tout peuple réclamant le droit de parler sa langue. [...] Une opinion s'est pourtant fait jour, depuis que les peuples se sont libérés des tutelles de droit (sinon de fait) : que la langue d'une communauté dirige le vecteur principal de son identité culturelle, qui à son tour détermine les conditions de son développement. (PR, 117)

En réalité, trois solutions se présentent à nous : le retour à la tribu, le statu quo, la créolisation. Le retour au tribalisme, au renfermement sur soi n'empêchera pas la communauté de mourir et accélérera le processus d'assimilation. Le salut ne peut se trouver dans le passé. Le statu quo n'est jamais une option viable ; elle représente plutôt un processus lent de disparition. Reste la créolisation, troisième voie, chemin difficile et tortueux car il faut éviter que cela ne devienne une auberge espagnole. Mais si une identité franco-ontarienne créolisée émerge d'un choix conscient et affirmé, nous garderons une âme et nous en définirons collectivement le contenu.

PERSPECTIVES CHRONOTOPIQUES :
DIALOGUE IMAGINAIRE ENTRE DALPÉ ET AUBIN

Le dialogue que j'ai commencé à dessiner dans les pages précédentes peut se poursuivre autour du concept plus spécifique de chronotope. Bakhtine définit un chronotope comme étant « la corrélation essentielle des rapports spatio-temporels, telle qu'elle a été assimilée par la littérature[24] »,

---

[22] Mariel O'Neill-Karch, *Théâtre franco-ontarien. Espaces ludiques*, Ottawa, L'Interligne, 1992, p. 26-29.
[23] Roger Levac, *L'anglistrose*, Sudbury, Prise de parole, 1994, p. 45.
[24] Mikhaïl Bakhtine, *Esthétique et théorie du roman*, Paris, Gallimard, 1978, p. 237.

c'est-à-dire que l'espace et le temps y sont intrinsèquement, existentiellement liés. Je pense pouvoir dégager trois chronotopes qui se font écho chez les deux poètes et qui fonctionnent de manière dialectique : thèse, antithèse, synthèse. Les mises en tension et la fluidité constante entre ces chronotopes attirent plus particulièrement mon attention.

When we were Nigger-Frogs

Le premier chronotope – celui du trou – s'inscrit dans une filiation avec la littérature canadienne-française de la première partie du vingtième siècle, celle de *Trente arpents* et de *Maria Chapdelaine*, une littérature du territoire selon Lucie Hotte. Cette littérature se territorialise dans les espaces du Nord – des mines et des forêts – et se couple avec un temps lent et immuable où rien ne semble jamais changer. Pour des écrivains engagés comme Dalpé et Aubin, ce chronotope exprime l'aliénation et l'oppression des Franco-Ontariens. Pourquoi ? Parce que ces territoires – les mines et les forêts – sont également les lieux d'exploitation de ressources naturelles qui conditionnent notre mode de travail et de vie. Ces territoires font de nous des ouvriers exploités qui se taisent jusqu'à ce que le bruit, le grognement, la révolte monte du fond du trou, de la noirceur des forêts :

> Notre langue
> c'est la sueur   le bois   la terre   l'hiver
> et notre appartenance à ce pays
>
> On ne réussira jamais à faire taire nos voix
>
> Nos mots ne sont pas à vendre (*Gens d'ici*, 9)

Le poème sur les Nigger-Frogs souligne bien que les Franco-Ontariens n'existent qu'au travers du travail aliénant parce qu'immuable, répétitif ; un travail qui se déroule dans l'hostilité du territoire. Dalpé tente malgré tout, de manière un peu lyrique, de présenter une vision idéalisée du territoire, celle des grands espaces, des rivières, des lacs et des forêts, celle qu'on se raconte le soir auprès du feu – les contes d'antan (justement ce sont des contes !). Pourtant demeurent bien « les arracheurs d'arbres » et « la sueur à piasses dans leurs mines et leurs moulins à bois ». Les Franco-Ontariens sont les

> Bûcheux, mineurs, fermiers
> truckeux, plongeurs
> Hommes à engager
> Hommes à louer
> Hommes à scier
> Hommes à paqueter
> Hommes à ramasser
> Hommes à laver
> Hommes à placer
> Hommes à pousser, charrier, lever, baisser, plier, écraser (*Gens d'ici*, 86)

Ces territoires sont haïs et la métaphore filée du trou[25] chez Dalpé est révélatrice : le trou de la mine, de la *one-company town*, de la tombe ; le « trou de mémoire », « l'origine confisquée par l'Autre[26] ». Ces territoires conditionnent un temps et une temporalité spécifiques sur lesquels nous n'avons pas prise, ce qui renforce le sentiment d'oppression. Un temps immuable et répétitif, celui de la nature et des saisons qui rythme le travail dans les bois comme sur la terre ; et le temps chronométré du shift dans les mines

> Shift de jour à Cobalt, shift de nuit à Kirkland Lake
>
>   time clock   cartes à puncher
>
> le courage et les dettes pour descendre
> l'ascenseur pour remonter
> entre les deux
> huit heures (*Gens d'ici*, 71)
>
> Cage monte, cage descend
> les heures dans la nuit. (*Nickel*, 5)

---

[25] Nathalie Dolbec, « La théorie du descriptif et ses applications à l'analyse du théâtre », dans Stéphanie Nutting et François Paré (dir.), *Jean Marc Dalpé...*, *op. cit.*, p. 92.

[26] François Paré, *Les littératures de l'exiguïté*, Ottawa, Le Nordir, 2001 [1992], p. 63.

La mine c'est le symbole de l'aliénation et de l'oppression : l'espace est comprimé, réduit, hostile, épeurant ; le temps technique, mécanique. Ce chronotope du trou minier va jusqu'à s'inscrire dans les corps :

> la poussière devenue crasse sur les visages
> les gestes des hommes comme des chevaux de travail (*Gens d'ici*, 72)
>
> Les murs de nos usines
> qui ne sont jamais les nôtres
> se souviennent
> de notre sueur pour la p'tite paye
> et de tous nos doigts perdus dans les machines[27].

Les *call-centers* sont la version postmoderne de la mine. Dans *Plasticité*, Aubin décrit une postmodernité désincarnée qui a toutes les apparences d'un chronotope à priori déterritorialisé et atemporel. Mais l'*open-space* du centre Omega est un leurre, un faux-semblant de déterritorialisation et de liberté ; il est tout aussi oppressant que les territoires d'antan. Aubin n'est plus dans l'espace-temps des forêts et des mines, mais son extraction lui a été imposée. Ce n'est pas une émancipation, d'où le sentiment un peu nostalgique du recueil, le sentiment d'être perdu et surtout celui de la solitude.

Le chronotope du trou – de la mine, de la forêt, du village – se retrouve dans la langue. Ouellet[28] parle d'ailleurs de « l'écriture trouée de Dalpé ». Il est exprimé par les deux auteurs en français et en français uniquement, mis à part bien entendu les termes anglais qui ont été intégrés au langage courant franco-ontarien (le shift, le boss, les guys, etc.). On le verra, la différence est frappante entre les deux recueils d'Aubin et la langue de Dalpé change entre ses deux premiers recueils de poésie et le

---

[27] Jean Marc Dalpé, *Les murs de nos villages*, Sudbury, Prise de parole, 1980, p. 11.
[28] François Ouellet, « La fiction du bâtard chez Jean Marc Dalpé : dire l'homogène », dans Stéphanie Nutting et François Paré (dir.), *Jean-Marc Dalpé. Ouvrier d'un dire*, Sudbury, Prise de parole, 2007, p. 233.

reste de son œuvre. Dans *Et d'ailleurs*[29], on voit apparaître des vers uniquement en anglais (13).

> et toutes les pancartes sont en anglais
> même si on est dans le Moulin à fleur (*Et d'ailleurs*, 16)

La ville se parle en anglais (en opposition au village en français).

> dans ce paysage de langues écorchées (*Et d'ailleurs*, 10)

Pour résumer, dans la première phase de création des deux auteurs, on a affaire à un chronotope du trou, dans lequel on se trouve engouffré. L'aspect temporel semble se résumer à une sorte d'hier et pour toujours, et s'accompagne d'un personnage archétypique : celui du Nigger-Frog, exploité, aliéné, *pogné*, sans avenir. Leurs premières œuvres ne sont pas sans rappeler les fondements folkloriques du chronotope rabelaisien explicité par Bakhtine[30]. Il est en effet collectif ; le processus d'individualisation viendra plus tard. « Ce temps est profondément *spatial et concret* ; séparé ni de la terre, ni de la nature[31] » ; enfin, il possède un caractère cyclique

> qui raconte
> reraconte et
> déraconte
> l'Univers et
> mon histoire
> redébute et
> j'ai déjà
> roublié la
> fin (*Plasticité*, 11)

Bakhtine[32] dégage également une parenté avec les scènes de bouffons chez Shakespeare et souligne « le caractère de son rire, son voisinage

---

[29] Jean Marc Dalpé, *Et d'ailleurs*, Sudbury, Prise de parole, 1984. Recueil désormais référencé dans le texte par son titre suivi du folio.
[30] Mikhaïl Bakhtine, *Esthétique...*, *op. cit.*, p. 351-366.
[31] *Ibid.*, p. 352.
[32] *Ibid.*, p. 363.

avec la mort et le tragique, les obscénités rituelles, les voisinages avec le boire et le manger ». Ce sont là encore des éléments que l'on trouve chez nos deux auteurs (dans toutes leurs œuvres, d'ailleurs), eux qui, dans leurs carrières de comédiens, affectionnent les rôles de bouffon (Aubin formé par John Turner; Dalpé, qui incarne Falstaff dans la pièce *Five Kings: l'histoire de notre chute* d'Olivier Kemeid[33]; la pièce *Un p'tit bout de stage* avec Dalpé et Brigitte Haentjens en clowns, jouée de 1983 à 1985; ses traductions mémorables des fossoyeurs-bouffons dans *Hamlet* et des tueurs dans *Richard III*; Cracked et Ben dans *Requiem in pace*[34]). Dans *Plasticité*, Aubin nous parle de ses couilles, de ses poumons, de son cœur, de son cerveau, des beignes, du Coke, de la réglisse, du café, de la mort, il tousse, il crache, il est Don Juan. Bref, il y aurait encore beaucoup à écrire sur le sujet.

French Frogs on the go

On retrouve ici deux chronotopes classiques: celui de la route (Bakhtine, 384) et celui de la ville, tous deux associés aux rencontres. Chez Dalpé, ce changement chronotopique est amorcé dans *Et d'ailleurs*, où sont mises en valeur les deux capitales qui font osciller le cœur et les tripes du Franco-Ontarien: Paris, la métropole d'origine et New York, la métropole continentale. Le chronotope de la ville se trouve également dans *Eddy*, dont l'action se déroule à Montréal, autre métropole où ceux qui sont nés du bon côté du fleuve, de la rivière, peuvent parler en français. Le chronotope de la route se trouve plus particulièrement dans *Le chien* et dans *Un vent se lève qui éparpille*. Dans la pièce, c'est Jay qui l'incarne, en antithèse du trou dans lequel est *pognée* sa famille. Dans le roman, le chronotope de la route se trouve dès les premières scènes, alors que Marcel va à Toronto, rite initiatique de passage au monde adulte; puis dans la fuite de Marie, recherchée par son oncle sur les routes du Nord; et à la gare d'autobus, formidable scène où l'on rencontre deux jeunes Ojibwés en errance depuis de nombreuses années à travers le pays;

---

[33] Olivier Kemeid, *Five Kings: l'histoire de notre chute*, Montréal, Leméac, 2015.
[34] Jean Marc Dalpé, *Il n'y a que l'amour*, Sudbury, Prise de parole, 2011, p. 234-245.

il y a aussi la serveuse Rachel pour qui la route, la fuite, est synonyme de liberté, même si... Dans *Gens d'ici*, Dalpé égrène les villes pour souligner la communauté de destin des travailleurs *pognés* dans leur trou ; dans *Un vent se lève qui éparpille*, les villes sont égrenées comme points de passage, de rencontre pour les errants de la route comme Rachel.

On peut établir plusieurs parallèles entre *Plasticité* et *Et d'ailleurs*. D'abord, celui du malaise existentiel lié au caractère encore et toujours oppressant de la ville, car l'on y est seul,

> pas avec cette solitude collective
> qui se colle à chaque geste et mot (*Et d'ailleurs*, 23)

En plus, on est *pogné* et asphyxié

> juste pour sortir d'icitte
> comme tous les autres pauv'chriss
> de Détroit ou de Kap
> de Tennessee ou de Cochrane (*Et d'ailleurs*, 22)

Il y a quelque chose qui grouille à l'intérieur – on rejoint ici l'allégorie du gouffre chère à Glissant –, mais on ne sait pas encore comment sortir ce grouillement, cette rage, ce cri :

> seul
>
> avec cette voix au-dedans
> qui s'amplifie
> me vient et monte et me prend
> m'aspire plus loin
> dans le tourbillon
> me descend
> au cœur noué (*Et d'ailleurs*, 54)

Mais on sait que c'est à propos du présent, de la vie

> avec les voix au-dedans
> et ça hurle et ça griche
> et puis soudain

elles se taisent

tout se tait
soudain
quelque chose quelque part en moi
éclate
et j'ai tout chaud
soudain
il ne reste que cette chaleur
soudain
cette chaleur, le temps présent
et la volonté de m'y accrocher
pas au Pont St-Michel
pas aux pierres de Notre Dame, un peu plus loin
pas à Paris
ni à son immobilité
mais au verbe du temps présent
à son mouvement
soudain
cette chaleur
soudain
la vie
et la volonté de m'y plonger (*Et d'ailleurs*, 66-67)

On remarque dans l'extrait cité le changement de rythme, le détachement du passé pour se plonger dans le présent; l'accélération (soudaine) du rythme mais qui demeure intimiste, c'est en lui, ce n'est pas – encore – un mouvement collectif.

> Ce recueil de poésie est marqué par la prise de distance, le recul et, bien sûr, par une certaine défection à l'égard du dire univoque, de la prise de parole collective, de la raison sociale. Au nous solidaire se substitue le moi déraciné, étranger aux autres comme à lui-même[35].

---

[35] Dominique Lafon, « D'un genre à l'autre », dans Stéphanie Nutting et François Paré (dir.), *Jean Marc Dalpé. Ouvrier d'un dire*, Sudbury, Prise de parole, 2007, p. 29.

Alors, on cherche l'exil, de nouveaux espaces, de nouveaux rythmes. On l'a vu dans *Plasticité*, c'est un échec. C'est également un échec dans *Et d'ailleurs* : New York, c'est

> la même vieille Chiclets
> le même vieux American Dream
> le même vieux morceau du Big Apple
> la même vieille barre aux rêves
> enrobée de piasses et de chocolat
> mâchent et remâchent et
> rere... (*Et d'ailleurs*, 33)

Dès le début, la fuite à Paris est aussi un échec, c'est clair :

> Je ne chanterai pas Paris
> j'en suis incapable
> je demeure l'étranger
> la langue pour dire Paris n'est pas la mienne (*Et d'ailleurs*, 41)

On remarque donc que dans *Plasticité* et *Et d'ailleurs*, individuellement, il y a une prise de conscience que quelque chose cloche avec le chronotope territorialisé et passéiste ; mais on ne sait pas encore comment s'en défaire, c'est un voyage intime au cœur de soi. On soulignera également que ces deux recueils amèneront leurs auteurs respectifs à s'exiler, aux États-Unis pour Aubin, à Montréal pour Dalpé (soit, quatre ans plus tard, mais il y a comme une sorte de cassure en 1984, alors que Dalpé entre dans une phase qui aboutira à l'écriture du *Chien* et à son départ de Sudbury). Ces deux recueils symbolisent une première période de tensions, tensions qui vont ressurgir plus amplement, de manière plus affirmée, dans les œuvres à venir.

Le chien est la pièce de transition par excellence : avec l'opposition magistrale entre le rapport charnel à la terre incarné par le père ; la haine de l'*ostie* de trou, des *ostie* d'épinettes chez la mère qui rêve de partir, qui rêve d'avenir pour ses enfants ; et Jay qui s'est déterritorialisé, a erré, réalisé son rêve américain. Les tensions entre ces visions du monde sont apparentes dans la pièce. Entre l'écriture de la pièce et sa production, on assiste à la migration de l'auteur de Sudbury à Montréal.

Et puis vient *Eddy*, une pièce clairement portée sur l'exil. La langue y est radicalement différente, beaucoup plus charretière, avec davantage d'anglais; la déterritorialisation de la langue est une des caractéristiques des littératures mineures. *Eddy*, c'est le rêve américain, celui de réussir dans la grande ville. Mais les deux territoires – de la petite ville et de la métropole – conçus dans l'esprit de Vic comme antithèse sont en fait les deux faces d'une même piastre: des territoires du déracinement, du déplacement. L'exil ne rend rien facile, au contraire. Montréal, territoire mythifié de tous les rêves, de tous les possibles, ne change pas le destin, tu restes dans le trou à *marde*, le snack bar d'Eddy « [p]is son first class gym, c't'un grenier pas d'fenêtres » (*Eddy*, 67).

Le deuxième recueil de Daniel Aubin, *Néologirouettes*, présente une mise en tension constante entre trois perspectives chronotopiques qui s'organisent souvent autour du rapport à la langue. On y trouve l'envie de sortir du trou, l'errance et l'espoir, et un retour sous forme de synthèse qui, comme nous le verrons, n'est pas aboutie. La richesse des représentations dans ce recueil tient au fait qu'il se compose de plusieurs poèmes – ceux qui nous intéressent ici – écrits sur sept années: Freedom Frogs en 2003; Freedom Frogs part II et Words Fail en 2004; et Freedom Frogs Return en 2010, suivant les pérégrinations personnelles de l'auteur entre Sudbury et les États-Unis (premier départ en novembre 2005; aller-retour à l'hiver 2006; vie aux États-Unis d'avril 2006 à juillet 2009, date à laquelle le Sudburois rentre au bercail).

Freedom Frogs (2003)

Le poème s'ouvre sur la reconnaissance du multiple (multidentité, cellules multiples, 39). Il pose le constat que le Franco-Ontarien est amphibien, capable de survivre en français et en anglais, mais qu'il « a besoin des deux » (40). Lui a réussi à se dégager, se dépogner car « il est nomade par nature » (42). Il peut le faire s'il parvient à transcender la dualité linguistique: « je n'accepte pas / la dualité / que mes parents / m'ont inculquée / good and evil / french and english » (43); il s'assume en être hybride : « je suis l'enfant / de Kermit le franco-pig / et de Miss Piggy / la cochonne / capitaliste / hollywoodienne » (52). Le poème se referme sur une critique de l'injonction de parler en français, cette obsession de la racine unique (Glissant) et sur une nouvelle injonction « shut the fuck up / fuck off and / evolve » (55).

Que ce soit dans *Le chien*, dans *Un vent se lève qui éparpille*, *Eddy* ou *Néologirouettes*, la route et la ville qui symbolisent l'exil et le voyage se reflètent dans la langue utilisée, qui est beaucoup plus créolisée et plus rythmée, plus oralisée. « L'oralité, le mouvement du corps sont donnés dans la répétition, la redondance, l'emprise du rythme, le renouveau des assonances » (IPD, 38). Glissant fait une très belle remarque sur le fait que « la répétition est une des formes de la connaissance dans notre monde ; c'est en répétant qu'on commence à voir le petit bout d'une nouveauté, qui apparaît » (IPD, 33). Et il a raison. Des morceaux de ces œuvres marquent les esprits comme un éveil à la réalité. Et puisque ce n'est pas assez de faire éclater les conventions linguistiques, nos deux auteurs font éclater les conventions de genre. *Un vent se lève qui éparpille* est présenté comme un roman ; mais c'est aussi de la poésie, c'est aussi une pièce de théâtre en quatre actes. Je ne mentionne pas l'éclatement des genres dans *Il n'y a que l'amour* ; contes, pièces, essais, poèmes. De la même façon, si *Néologirouettes* est bel et bien un recueil de poèmes, certains passages sont de véritables micro-essais et pourquoi ne pas parler ici d'une pièce ; le découpage du recueil, tout comme les performances qu'en a livré Aubin en sont une marque (Freedom Frogs Returns est une commande pour une performance à La Nuit sur l'étang en 2010 ; Freedom Frogs part II est une commande d'André Perrier pour la production Crise 2 au Théâtre du Nouvel-Ontario).

Pour résumer, on voit apparaître un nouveau chronotope : celui de la ville et de la route qui fait penser à un « là-bas et demain » dont le personnage archétypique est celui du French Frog nomade qui se cherche, erre, s'exile. On pourrait dire qu'il sort du gouffre. J'utilise cette image du gouffre car elle fait écho aux écrits poétiques de Glissant (PR, 20) dans les premières pages de « la barque ouverte ». Il faut l'écouter :

> De même que l'arrachement primordial ne s'accentuait pas d'aucun défi, ainsi la préscience et le vécu de la Relation ne se mêlent-ils pas d'aucune jactance. Les peuples qui ont fréquenté le gouffre ne se vantent pas d'être élus. Ils ne croient pas enfanter la puissance des modernités. Ils vivent la Relation, qu'ils défrichent, à mesure que l'oubli du gouffre leur vient et qu'aussi bien leur mémoire se renforce.

Dans le poème « l'errance, l'exil », Glissant souligne que

> la réalité de l'exil est ressentie comme un manque (temporaire) dont il est intéressant de noter qu'il concernera en premier lieu la langue. [...] L'exilé avoue volontiers que ce dont il souffre le plus est l'impossibilité de communiquer dans sa langue. La racine est monolingue (PR, 27).

À partir du moment où l'on sort de la racine unique (celle canadienne-française attachée à la terre), où l'on sort du trou, du gouffre, pour crier « le cri de poésie » (PR, 21), pour admettre la multidentité, le rhizome, on devient multilingue. On rentre alors dans la pensée de la trace !

> La pensée de la trace permet d'aller au loin des étranglements du système. Elle réfute par là tout comble de possession. Elle fêle l'absolu du temps. Elle ouvre sur ces temps diffractés que les humanités d'aujourd'hui multiplient entre elles, par conflits et merveilles.
>
> Elle est l'errance violente de la pensée qu'on partage. (TTM, 20)

Cette pensée de la trace qui donne à Dalpé[36] ses plus belles lignes

> Parce que si les souvenirs sont les traces de ce qui s'est passé, la mémoire n'est peut-être qu'une fiction qu'on recrée avec le peu qui nous reste, une fiction qu'on recrée au présent et pour le présent.

Let's evolve and be Freedom Frogs

Là où la différence générationnelle se fait sentir, c'est que chez Aubin, contrairement à Dalpé, la critique de notre condition est assumée, le rêve, l'aspiration à s'en sortir, à tout *crisser* là (mais pas fuir !) est clairement

---

[36] Jean Marc Dalpé, *Un vent se lève...*, *op. cit.*, p. 32.

présente dans *Néologirouettes*. Dans *Un vent se lève qui éparpille*, on voit cette aspiration à changer de chronotope ; les personnages sont tous *décrissés*, ils essayent de partir mais c'est une fuite en avant, qu'il s'agisse de la danseuse Rachel, de Marcel et de son aventure à Toronto, de sa rencontre avec Maggie la tatoueuse, ou encore de Marie. Ce sont des fuites en avant désespérées. La question fondamentale à laquelle j'essaye de répondre est la suivante : considérant qu'une génération sépare Dalpé et Aubin, peut-on entrevoir chez le plus jeune une synthèse réussie, un chronotope de l'ici et maintenant où les Freedom Frogs se seraient émancipées ?

Les tensions entre passé, présent, futur, territoire d'antan, ville, océan, sont constantes dans *Néologirouettes*, et si l'on peut sentir un fourmillement, une affirmation de ce qu'est la solution – accepter la créolisation, embrasser la bâtardise –, propos que l'on retrouve également dans la conférence de Dalpé reproduite dans *Il n'y a que l'amour*, nous n'en sommes qu'aux premiers balbutiements, et le jeune poète semble hésiter.

Freedom Frogs part II

La synthèse passe par une transition identitaire reposant sur une fusion, une créolisation – refus de la dualité – et sur la possibilité de vivre dans et avec les deux langues, naturellement, posément ; bref, un développement qui reste à inventer. Ce passage s'incarne dans l'évolution « amphibienne »

> nous les french frogs
> devenons the freedom frogs (60)

> la grenouille est au freedom frog
> ce que le têtard est
> à la grenouille (61)

On entend les balbutiements de l'émancipation

> petit têtard
> qui ose (62)

> il a le front
> il a le courage
> il ose d'être amphibien
> de devenir un mutant
> d'explorer deux univers
> en même temps (63)

Et on se permet de rêver pour sortir du trou

> je suis un freedom frog
> anthropomorphique
> à la recherche d'un rêve
> d'un songe
> d'une vision (65)

Aubin offre une critique en règle du village et de son esprit de clocher ; il ne veut plus être l'homme invisible / the invisible man ; il veut croire en l'enfant bâtard qu'il est :

> hisse et hausse ton drapeau
> une fois par année
> la nuit sur l'étang
> comme la messe de Noël
>
> les enfants ont hâte de partir
>
> j'avale les moustiques
> qui survolent vos têtes de cochon
>
> j'ai l'âme amphibienne
> ici dans le nord
> une nuit sell out sur l'étang
> n'assouvit plus
> la soif du premier marais
>
> je chante pour les touristes
> qui visitent le musée de
> notre culture de

notre   culte

sur l'étang de l'espace-temps
les moments nénuphars
sont nombreux

nous permettent
de visionner notre parcours
comme un jeu
de connect the dots

ils nous demandent de saluer
le drapeau franco-ontarien
comme on se prosternerait
devant un crucifix
[…]
le croassement de la création
fait résonner les barreaux
de notre prison invisible

culture de musée

invisible mais écrasante
invisiblement omniprésente

freedom frogs on display
tonight

do not feed the animals

ne donnez pas à manger
            à boire de l'espoir
ne donne pas à croire
            aux enfants bâtards

aux amphibiens potentiels

don't put me in a cage
don't keep me from the water

> bye bye l'étang
> l'océan m'attend
>
> je ne serai ni traître
> ni ton ambassadeur
>
> bye bye l'étang
> l'océan m'attend (72-76)

S'il y a aspiration à un nouveau chronotope, il n'est pas encore clair, si ce n'est qu'il n'est ni dans le marécage monosyllabique de la langue maternelle, ni dans l'étang étouffant, mais dans l'océan, espace des possibles, espace de liberté.

Words Fail

Ce texte est écrit dans les mêmes années que Freedom Frogs part II (2003-2004) et reprend des thèmes similaires, notamment le rejet de la langue unique et la vision passéiste qui l'accompagne; l'espoir; le passage de l'individuel au collectif; la multitude qui grouille.

> je m'oppose à la réducommunication d'idées à
> la lettre
> à la langue
> à la recherche d'une communiélocution
> globalbutiements banniront la brume
> déchireront les dogmes
> du réelinguisme daté
> passé date
>
> multiprierons-nous enfin de s'écouter
> j'espère
> j'attends de nous entendre s'entendre (94)
>
> dans la grotte de sa gorge
> ça gargouille la réconcilinguistication
>
> the pits of words

> and word spit
> gobs of ghastly gobbledygook
> gurgle in the sand (96)
>
> je dis je mais je nous sommes (101)
>
> mille microcitoyens messianiques
> messies magiques
> message messageront la mémoire mutuelle
> sagesse perpéternelle pleuvra au pluriel
> pleuvront
>
> tongues talking trickle tracing
> maps making memories
> mapevoking happy moments
> flashbacks foaming at the mouth
> for flickering fade ins and outs
> for dabbling with destiny dream and doubt
>
> words fail
>
> mes mots faillissent
> mes mots m'haïssent
> s'en crissent
>
> words fail (105)

Sept années après, le retour, Freedom Frogs Returns.

> je suis parti en greyhound
> je suis revenu en u-haul (133)

Un constat s'impose, l'exil n'a pas permis de trouver la solution. La synthèse reste à fignoler, mais *icitte*, pour être réconcilié avec le passé. Le poème ne s'achève pas sur une note glorieuse, mais prend la mesure de ce qui reste à faire, une fiction, un pays-fiction à inventer et à réinventer, et fait écho à Jean Marc Dalpé[37], « un pays fiction qui ne sera jamais qu'une fiction, ne sera jamais qu'un cri rauque lâché aux quatre vents / Ne sera jamais qu'un chant ». En réalité, la question identitaire est complexe. Nos poètes hésitent, se sauvent, reviennent, essaient de concilier sans se compromettre ; la raison de cet « in-between » se trouve dans notre rapport au temps.

> depuis le tout début minéralogique
> depuis le tout début des antécédents
> dans le trou début de tout de nous
> sommes tous dans l'étang
> à la nuit des temps
>
> pis rien du tout de doux ou de biologique
> rien du tout de dramatique
> pas de personnages pis pas de salade de soleil
> de sauterelles de sudbury
>
> pas de potions magiques de la parole
> [...]
> les physiciens seraient fiers de cette absence
> de chamanisme et de chimie problématique
> au tic   tac   toc et tracasagesse du temps
> linéaire
> prédatant nuvutus en devenir
> [...]
> comme nous sommes vous et
> vous êtes nous   et ils sont vous et
> nous sommes tous   nuvutus   applaudissant
> merci microbes
> et venins et virus et vipères

---

[37] Jean Marc Dalpé, « La nécessité de la fiction », dans Robert Dickson, Annette Ribordy et Micheline Tremblay (dir.), *Toutes les photos finissent-elles par se ressembler ?*, Actes du forum sur la situation des arts au Canada français, Sudbury, Prise de parole et Institut franco-ontarien, 1999, p. 24.

> nous sommes d'ici
> du trou percé par la pierre angulaire
> nous transportant nuvutus en devenir déjà
> venus et venins et vipères du vacuum
> rayonnant
> le désir de redéreconstruire   bloc
> par bloc   par météorituels
>
> méphistophélicieuses genèses autogérées
> [...]
> fignolons la ficelle du feu créateur   et
> slammons ça sur place
> à la poésie sur place (135-138)

Soulignons également le dernier poème qui clôt le recueil, un texte fait de résignation, qui respire le malaise et l'échec (mais eh, on est franco-ontarien ou on ne l'est pas). En même temps, il révèle un aspect important de notre culture qui nous rend stériles : la glorification systématique de nos idoles, l'ajout constant de noms au Panthéon devant lequel il faudrait se prosterner comme devant l'autel, bref, notre incapacité à tuer le père.

> revendiquons donc la résignation
> au ressort las du réassort
> continuel d'ensevelits de morts
> de matelas de mantras masqués
> en manifestes
>
> manifestivités d'iconocloîtrés contre
> l'auparavant s'étirant toujours
> plus loin
> afin de rejoindre
> ses origines dans
> le vide

> simplementalement je vous m'en veux
> d'avoir été tellement fantases
> ciblant nul autre que déité à déterminer
> creuser et puiser l'impossible
>
> creuser l'impossible épuisé
>
> miner l'impossiblement
> creux (150-151)

On est loin du carnaval, étrange pour deux auteurs pourtant adeptes d'art bouffon; mais si l'on pouvait affirmer que la langue d'Aubin est carnavalesque – les rites religieux travestis, les corps exposés dans tous les aspects de leur intimité, les codes linguistiques renversés ; le rire et les néologismes –, il y a un côté destructeur qui s'affirme. Il n'en reste pas moins que les œuvres de Dalpé et d'Aubin partagent une écriture « corporelle », les corps y sont toujours présents sous toutes leurs coutures. On notera que cela correspond aussi à la personnalité de ces deux auteurs, qui aiment avant toute chose performer, jouer leurs écrits ; ils sont fondamentalement comédiens avant d'être écrivains.

Alors, au bout de la route ou dans l'océan, y a-t-il un espoir d'émancipation ?

Je suis partie de l'hypothèse que l'on pouvait peut-être voir se dégager une sorte de dialectique entre différentes conceptions spatio-temporelles, ce qui nous permettrait de mieux appréhender les processus identitaires franco-ontariens. Les trois moments dialectiques ne sont pas des boîtes hermétiques dans lesquelles poèmes, dialogues et autres écrits se laisseraient enfermer facilement. Dès que l'on se plonge dans une étude et une interprétation plus minutieuses des textes, ce qui ressort sont les tensions entre les différents chronotopes et donc les différentes visions du monde des deux auteurs. Il faut voir les trois moments dialectiques avec chacun leur chronotope dominant comme des pôles d'attraction et de répulsion. On peut rapprocher ces trois moments des trois stades de la pensée dégagés par Glissant (PR, 30) :

– pensée du territoire et de soi (ontologique, duelle)

– pensée du voyage et de l'autre (mécanique, multiple)

– pensée de l'errance et de la totalité (relationnelle, dialectique)

On discerne bien chez Aubin trois étapes d'un lent processus d'émancipation, des Nigger-Frogs aux French Frogs aux Freedom Frogs. On constate une perspective similaire chez Dalpé : « Trinité indissoluble, la dénonciation, la révolte, et le malaise identitaire forment l'ossature des modes thématiques et structuraux des œuvres de Dalpé[38] ».

Il appert cependant que ce n'est pas un processus unilinéaire ; en d'autres termes, nous ne sommes pas dans la logique kantienne ou libérale où les hommes et les communautés évolueraient inéluctablement vers la modernité, le progrès, l'émancipation. Il y a toujours des tensions, des retours en arrière, des *backlashs*. Ce qui nous ramène à Glissant (PR, 59), qui distingue bien une pensée occidentale du Un où le temps est perçu comme linéaire, opposée à une pensée du Tout où le temps n'est pas linéaire. Si cela est tant complexe, mêlé, incertain chez Dalpé et Aubin, c'est que, comme poètes franco-ontariens, ils sont des mêlés, des bâtards, qui ont été élevés simultanément dans une culture occidentale du Un *et* dans la pensée du Tout héritée des Voyageurs, de l'Amérique, des métissages, des créolisations. Ils participent du Tout-Monde, du Chaos-Monde en prenant la parole, en criant, en remplissant le rôle fondamental que les poètes jouent pour les peuples marginalisés et opprimés, en exprimant le grouillement, le grenouillement, la « rage qui bouillonne » dans la langue des « tous nus ». Ça vocifère, ça sacre ; mais ça ne sacre pas les topoï, les lieux, les espaces, ça cherche à « habiter la distance » parce que ça parle toujours à partir d'un lieu. « L'important aujourd'hui est précisément de savoir discuter d'une poétique de la

---

[38] Vicki-Anne Rodrigue, « Un coup de langue. L'ironie et l'énonciation du malaise identitaire dans l'œuvre de Jean Marc Dalpé », dans Stéphanie Nutting et François Paré (dir.), *Jean Marc Dalpé...*, *op.cit.*, p. 244.

Relation telle qu'on puisse, sans défaire le lieu, sans diluer le lieu, l'ouvrir. » (IPD, 30) Ou pour citer Dalpé[39] :

> un flot de bêtes et de gens qui semble sans fin se suivant les uns les autres sur une route qui elle aussi semble sans fin
> [...]
> oui un refuge, un refuge pour ceux qui errent dans ce monde : les âmes en peine, les âmes perdues, les pécheurs, les pèlerins, les pauvres, les opprimés, les orphelins, les vagabonds, les sans-le-sous [*sic*], les mal aimés, les filles-mères, les victimes, les innocents...

Grâce à l'oralité de nos poètes, nous commençons à faire partie du monde, et cette fois-ci nous sommes du bon côté, dans le mouvement, dans le bouillonnement qui fait éclater les structures, les homogénéités, les hégémonies, les genres, les langues dans le joyeux chaos créateur de la Relation, de la créolisation, « [e]t puis il y a une autre forme d'oralité, celle-ci frémissante et créatrice, qui est celle de ces cultures qui surgissent aujourd'hui sur "la grand'scène du monde" » (IPD, 39), petits têtards devenus grands.

DIGRESSION THANATONIQUE... TUER LE PÈRE

Le poème qui clôt *Néologirouettes* s'inscrit, sur le plan personnel et biographique, dans un travail d'introspection par rapport à celui qui fut son mentor, professeur et ami (Robert Dickson), et sur le plan collectif, par rapport aux idées échangées parmi les membres du groupe taGueule, idées que Daniel Aubin résumera dans le tout premier article paru, *La corde* :

> la corde
> parce qu'il faut
> qu'on s'accorde
>
> en dépit du fait
> qu'en effet
> c'est con sa corde
> celle-là la sienne

---

[39] Jean Marc Dalpé, *Un vent se lève...*, *op. cit.*, p. 170-171.

malsaine

mais la nôtre
tenue toujours à l'horizon
d'une oréalité tantôt
récalcitrante

la corde au coup de foudre
trop tôt ou tard
parce qu'on n'est pas à bout
de souffle

on sait crier
avec nos crayons de soleil

le dessin d'un destin dénudé
des désuets droits aux buts
sans bornes sur lesquelles
on pourrait se pendre
au lieu de se
répandre[40]

Effectivement, à l'époque – je faisais partie du groupe taGueule –, nous étions toujours un peu *pognés* dans cette référence-là, le fantôme d'André Paiement n'était pas bien loin, quelque part, nous voulions suivre ses traces : créer un collectif fort qui brasserait la cage, prendrait la parole, ferait bouger les choses. Le fantôme de Robert Dickson flottait également autour : allions-nous parvenir à réaliser nos aspirations sans lui, sans son soutien, sans son sourire et ses encouragements ? Notre difficulté résidait dans l'équilibre délicat, incertain, à trouver entre respect pour ce qui avait été accompli et dit, et notre espace à nous de création, notre vision, notre avenir possible. En ce sens, on peut une fois encore dessiner un parallèle

---

[40] Daniel Aubin, *La corde*, taGueule, 2012, voir en ligne http://tagueule.ca/2012/02/25/la-corde/.

avec Dalpé et *Il n'y a que l'amour*, dont Dominique Lafon[41] remarque à juste titre que « le fil conducteur, c'est la scène familiale » avec, en premier lieu, le rapport au père. On peut également établir un parallèle avec la trilogie de Michel Ouellette (*French Town, Requiem, La guerre au ventre*) où les personnages se débattent avec la figure paternelle jusqu'à ce que, dans la dernière pièce, le corbeau livre la clé : « Pour vaincre, il faut manger le passé[42] ». Qu'il est symptomatique de voir que nos deux dramaturges nord-ontariens, comme nos poètes, sont obnubilés par le père, les pères. Ces fantômes qui embrument notre imaginaire collectif, qui nous ont enfantés et qui feront toujours partie de nous mais dont il faut s'affranchir pour ne pas demeurer dans le passé, si nous souhaitons vivre au présent et inventer notre avenir.

Ces autres qui n'en sont pas vraiment et qui font partie de nous

> *Cela va prendre beaucoup de temps mais dans la relation mondiale aujourd'hui c'est une des tâches les plus évidentes de la littérature, de la poésie, de l'art que de contribuer peu à peu à faire admettre « inconsciemment » aux humanités que l'autre n'est pas l'ennemi, que le différent ne m'érode pas, que si je change à son contact, cela ne veut pas dire que je me dilue dans lui, etc. Il me semble que c'est une autre forme de combat que les combats quotidiens, et que pour cette forme de combat l'artiste est l'un des mieux placés ; je le crois. Parce que l'artiste est celui qui approche l'imaginaire du monde, et que les idéologies du monde, les prévisions, les plans sur la comète commencent à faillir et qu'il faut commencer à lever cet imaginaire. Ce n'est plus là rêver le monde, c'est y rentrer.*
> (Glissant, IPD, 56-57)

> *J'ai l'Afrique au fond de mes rêves*
> (Desbiens, *Sudbury*, 166)

---

[41] Dominique Lafon, « D'un genre à l'autre », dans Stéphanie Nutting et François Paré (dir.), *Jean Marc Dalpé...*, *op. cit.*, p. 38.
[42] Michel Ouellette, *La guerre au ventre*, Ottawa, Le Nordir, 2011, p. 75.

Nickel

> À mon sens, c'est la pièce [*Nickel*] la plus et la mieux structurée, à la psychologie la plus nette (quoique primaire et stéréotypée, regretteront d'aucuns), à l'intrigue la mieux filée et construite, qui soit sortie de Sudbury depuis une bonne décennie. Ça se tient; du moins, ça commence à se tenir; les parties voient à s'intégrer, à avoir un sens, direction et intentionnalité, le tout s'ouvre pour presque s'universaliser...[43]

On pourrait consacrer plusieurs livres aux représentations de l'Autre (qui n'en est jamais vraiment un). J'ai donc une fois encore opté pour une approche radicale en me focalisant quasi uniquement sur *Nickel*. Je propose aussi quelques représentations de l'*Indien* dans la littérature franco-ontarienne. Non seulement parce qu'il est souvent présent (consciemment et inconsciemment), mais parce que notre condition, si elle est indubitablement plus enviable que la sienne, demeure malgré tout aux marges, à la périphérie.

Le théâtre présenté par Dalpé et Haentjens dans *Nickel* est caractéristique de ce que certains considèrent comme le « *third theatre* », qui se distingue du premier théâtre « institutionnalisé et subventionné », et du second théâtre celui de « l'expérimentation esthétique et de la nouveauté ». Comme l'explique Ric Knowles « *the third theatre makes claim to a kind of marginalization, as signaled through the homology with "third world", or even with Homi Bhabha's "Third Space"*[44] ».

Nickel est une pièce trilingue: français, ukrainien et italien. Clara (Canadienne française) est mariée avec Youssaf (Ukrainien) et ils ont pour voisins Giuseppe et Luciana (Italiens). Chacun baragouine un peu la langue de l'autre, et la comprend relativement bien. Durant le premier acte, qui s'ouvre en italien, est décrite la préparation d'un *party* chez Clara et Youssaf; on comprend tout de suite que la famille de Clara n'approuve pas ce mariage hybride et ne viendra pas. Anne, une amie de Clara, est présente pour aider aux préparatifs:

---

[43] Fernand Dorais, *Le recueil... volume I, op. cit.*, p. 44.
[44] Ric Knowles, *Theatre and Interculturalism*, New York, Palgrave, 2010, p. 19.

> ANNE : Je me demande comment ça se fait que toi, tu aies marié un Ukrainien, alors que chez nous, enfants, on n'avait pas le droit de jouer ni avec les Polonais, ni avec les Finlandais, surtout pas avec les Italiens, et encore moins avec les Ukrainiens.
> CLARA : Justement, Youssaf, c'était le plus bel interdit du quartier... ! (*Elle rit.*) Papa était déjà mort, à l'époque, mais il aurait été d'accord, par principe, juste parce que c'était contre la politique de la compagnie !
> (*Nickel*, 11-12)

Anne ne reste pas plus longtemps parce que d'autres amis ukrainiens arrivent et qu'elle ne les comprend pas. Clara lui répond : « Voyons Anne, ce n'est pas grave. On n'a pas besoin de se comprendre pour fêter... Viens, je vais te présenter. » La fête n'aura jamais lieu. Un accident dans la mine s'est produit :

> GIUSEPPE : Calmi... tranquilli... il y a eu una incidente dans le groupe canadesi français. Ça on sait... Le reste on ne sait pas.
> ANNE : Dans le groupe canadien-français ?
> GIUSEPPE : Calmi...C'est ça qu'on dit... mais ça se peut aussi que ça soit chez les Polacchi dans la galleria à côté.
> SACHA : Kazhut shcho desyat mertvykh.
> (*Ils disent qu'il y a dix morts.*)
> CLARA : (*affolée à Giuseppe*) Dix morts ?
> GIUSEPPE : Ma no, ma no. [...]
> YARO : Ni, nema nikoho ranenoho. (*Mais non, il n'y a personne de blessé.*) (*Nickel*, 14)

Youssaf est au nombre des victimes. On remarque dans ce court extrait le mélange joyeux des langues et la compréhension interlinguistique. On note aussi l'organisation « ethnique » des groupes de travail, avec quelques exceptions puisque Youssaf, Ukrainien, faisait partie du groupe canadien-français. Suite à la mort de Youssaf, Clara reprend le flambeau de la lutte pour la syndicalisation. Là encore, on sent les tensions puisque certains groupes signent, d'autres refusent.

> ALBERT : Giuseppe !
> GIUSEPPE : Ciao Alberto... Como stai ?
> ALBERT : Tu as signé des gars aujourd'hui ?
> GIUSEPPE : Bah !
> ALBERT : Moi non plus. Les Finlandais, les Polonais, les Ukrainiens ça rentre...
> GIUSEPPE : Mais les Italiani et les Canadesi français... ça signe trois fois avant... je sais.
> ALBERT : Ça commence quand même... si le curé reste tranquille.
> (*Nickel*, 34)

Au final, la compagnie gagnera, en jouant sur les divisions ethniques et en s'appuyant sur l'Église, la communauté, et les collaborateurs zélés, qui préfèreront leur confort matériel au mieux-être commun.

Cette pièce apparaît comme emblématique du destin des Franco-Ontariens. Tout d'abord, elle évoque bien, dans le processus créatif lui-même, la créolisation, soit la reconnaissance et l'incorporation de l'Autre dans notre vie. Lors d'une conversation avec Jean Marc Dalpé, je lui ai demandé pourquoi ils avaient intégré à la pièce ces différentes nationalités. Sa réponse a été simple : « On s'inspirait de ce qu'on voyait autour du nous, du quartier. C'était logique. » Cette pièce est sans concession dans la mesure où elle dépeint également les tensions entre communautés, et elle s'inscrit dans un théâtre réaliste. C'est probablement une des pièces les plus engagées du théâtre franco-ontarien, qui dénonce aussi bien les capitalistes que l'Église, son auxiliaire, les traîtres et les *scabs* en tous genres. Le message y est « prosyndicaliste, anticapitaliste et populiste[45] ». Ce théâtre engagé donne une voix aux marginaux, aux exploités, aux aliénés. Quelque part, il se rapproche du théâtre brechtien (une source d'inspiration privilégiée pour Haentjens), qui affirme « *the political potential of theatre to change the world*[46] ». La

---

[45] Jane Moss, « "Give the ladies a break" : les femmes de Jean Marc Dalpé », dans Stéphanie Nutting et François Paré (dir.), *Jean Marc Dalpé. Ouvrier d'un dire*, Sudbury, Prise de parole, 2007, p. 194.
[46] Ric Knowles, *Theatre...*, *op. cit.*, p. 13.

pièce insiste d'ailleurs sur le fait que les divisions « ethniques » sont créées, instrumentalisées par la bourgeoisie au travers d'une organisation spécifique du travail qui vise à renforcer les différences afin d'empêcher les solidarités de classe. On pourrait avancer que, de la même façon, la formulation des politiques culturelles au Canada – avec ses différents programmes pour les anglophones, les francophones, les autochtones, les communautés « ethnoculturelles » – poursuit le même objectif. Non seulement ces politiques pénalisent-elles l'usage qui pourrait être fait des arts pour promouvoir le dialogue interculturel et la créolisation ; mais elles placent ces différents groupes en compétition et les enferment dans de petites boîtes noires : *you're in or you're out*, les critères étant imposés par les décideurs politiques. Dans ces conditions, ces politiques culturelles représentent un frein majeur à la fluidité des identités, à leurs créolisations, à leurs rencontres. C'est donc aussi un théâtre de résistance, un théâtre interculturel qui se présente comme « *a site for the continuing renegotiation of cultural values and the reconstitution of individual and community identities and subject positions*[47] ».

Le sentiment d'être coincé dans un groupe dont on ne pourrait s'échapper, l'obligation sociale d'appartenir à et de glorifier une identité assignée s'avère parfois difficile à vivre pour certains Franco-Ontariens, qui peuvent se situer à l'intersection des peuples autochtones, anglophone et francophone. Quand on relit le recueil fondateur *L'homme invisible/The Invisible Man* de Patrice Desbiens[48], ou, trente ans plus tard, le *Néologirouettes* de Daniel Aubin, le malaise face à une identité fixe et assignée apparaît évident. L'homme invisible n'est pas francophone, ni anglophone, ni québécois, il est *pogné* dans la brume de ces identités, et c'est cet état, « d'être *pogné* entre », qui donne corps et substance à son identité.

---

[47] *Ibid.*, p. 4-5.
[48] Patrice Desbiens, *L'homme invisible/The Invisible Man* suivi de *Les cascadeurs de l'amour*, coll. « BCF », Sudbury, Prise de parole, 2008 [respectivement, 1981 ; 1987].

L'*Indien*... et surtout l'*Indienne*

Il est révélateur que dans le recueil fondateur de notre identité, la condition de l'homme invisible et celle de l'*Indien* soient mises sur un pied d'égalité.

L'homme invisible joue aux cow-boys et aux indiens dans les rues de Timmins Ontario.	The invisible man plays cowboys and indians in the streets of Timmins Ontario.
Tout le monde sait que les cow-boys ne parlent pas français. Audie Murphy ne parle pas français. L'homme invisible est Audie Murphy. Il sait comment mourir. (p. 32)	Everyone knows that cowboys don't speak French. Audie Murphy doesn't speak French. The invisible man is Audie Murphy. He really knows how to die. (p. 33)

L'*Indien* est l'ami les soirs de désespoir. Il comprend que l'on partage la même condition. On prend une bière ensemble...

> je rencontre un indien
> ivre mort.
> il m'offre une bière
> sachant que je
> n'ai que
> 16 cennes
> à la banque.
>
> on prend un coup
> ensemble
> sous la lune
> brune de
> timmins. (Desbiens, *Sudbury*, 15-16)

Si nous partageons une certaine condition de marginalisation avec les Autochtones, nous ne pouvons cependant pas affirmer partager une communauté de destin, l'histoire ne s'étant pas déchaînée de façon aussi violente et brutale sur notre communauté. Dans les logiques d'exclusion qui caractérisent l'espace nord-américain que nous habitons, le sort réservé aux Autochtones a été implacable et d'une violence inouïe. Les hiérarchies existent aussi – et peut-être surtout – parmi les marginaux. On en a un exemple dans la très belle scène à la gare de Timmins où deux jeunes Ojibwés attendent leur autobus en écoutant du Johnny Cash dans *Un vent se lève qui éparpille*[49]. Juste avant le dialogue entre l'oncle et les deux jeunes, Dalpé décrit en une page les relations asymétriques entre Blancs et Autochtones, et surtout comment ces derniers ont intégré les codes et comportements de soumission, legs du colonialisme. À cette lecture, on ne peut s'empêcher de penser à Frantz Fanon et à son analyse psychiatrique des colonisés, de leur dépersonnalisation, des façons dont le colonisateur et l'institution coloniale instillaient et imposaient codes et comportements en vue de faire du colonisé non plus un homme, mais un être entièrement soumis[50]. Pourtant Joseph leur parle normalement, mais il est blanc.

Plusieurs processus historiques se dégagent dans les relations que nous entretenons avec les Autochtones. Dans un premier temps, et cela a longtemps duré, il y a une relation coloniale entre Français et peuples autochtones. Cette relation a beau avoir été différente de celle que développeront un peu plus tard les Britanniques, elle n'en demeure pas moins, dans sa nature, une relation coloniale, c'est-à-dire une relation fondée sur: l'appropriation des terres, la marginalisation des langues et cultures autochtones, et l'imposition de normes (par l'entremise de l'Église). Nous avons établi une dichotomie barbare versus civilisé; nous avons cru que notre culture et notre langue étaient supérieures aux leurs et nous avons fait preuve de suffisance.

Si, une fois le pouvoir britannique établi, nous n'avons plus directement participé politiquement ou économiquement à la colonisation, nous avons poursuivi le même type de relations au travers de l'Église et dans nos discours et comportements. Socialement, nous

---

[49] Jean Marc Dalpé, *Un vent se lève...*, *op. cit.*, p. 133-144.
[50] Frantz Fanon, *Les damnés de la terre*, Paris, La Découverte, 2002.

continuons à nous comporter comme des colons. Or, nous ne pourrons réellement nous émanciper qu'en sortant de cette logique. En d'autres termes, il est impérieux que nous repensions entièrement nos relations avec les Autochtones, si nous voulons nous-mêmes nous défaire de notre condition de colonisé vis-à-vis des Anglophones. Daniel Poliquin, dans son roman, *L'Obomsawin*[51], évoque sans ambages cet impératif. Au travers de l'affirmation d'alingue du personnage principal éponyme, toute l'identité tortueuse des Franco-Ontariens s'étale.

Au fond, la présence récurrente de l'*Indienne* dans certaines œuvres symbolise notre subconscient collectif, ce petit bout qui est en nous, qui nous travaille, mais avec lequel on a encore du mal. On l'observe déjà dans le théâtre d'André Paiement, qui emprunte directement la structure et les personnages des contes ojibwés dans *La vie et les temps de Médéric Boileau*[52]. On retrouve la femme, ou plutôt la mère *indienne* chez Dalpé que ce soit dans les premières pages du recueil *Et d'ailleurs*, ou la mère de Céline dans *Le chien*; dans *La guerre au ventre*[53] de Michel Ouellette avec le personnage de Teresa. Dans cette pièce, Ouellette fait apparaître un corbeau (et pas uniquement dans cette pièce) qui vient raconter une légende. Ce procédé s'apparente sans doute aux techniques de la tragédie grecque, qui a grandement inspiré l'auteur de Smooth Rock Falls pour la structure de sa trilogie, mais en même temps, on ne peut s'empêcher de penser à Nanabozho, le grand esprit des mythes fondateurs ojibwés.

Ô que l'ironie est révélatrice…
L'absence des Métis… ou la négation de soi

Pourtant, au départ, tout aurait pu être si différent. Nous aurions pu voir les Autochtones comme des frères. Nous aurions pu développer des liens fraternels et égalitaires. Nous aurions pu nous inspirer un peu plus de Champlain et de Brûlé. Être fiers des métissages à l'œuvre. Or, nous avons lâché en rase campagne Riel, oublié les rêves et la sagesse de

---

[51] Daniel Poliquin, *L'Obomsawin*, Sudbury, Prise de parole, 1987.
[52] Voir François Paré, *Théories…, op. cit.*, p. 75.
[53] Michel Ouellette, *La guerre au ventre, op. cit.*

Dumont. Nous avons rejeté et nié notre condition de Métis pour certains d'entre nous, et de métis pour beaucoup d'entre nous[54]. Il est symptomatique que dans la littérature franco-ontarienne, le Métis soit absent, bien qu'il soit omniprésent, il est un trou de mémoire dont l'histoire reste à être écrite.

Pourtant, combien de Franco-Ontariens ont une grand-mère ou une arrière-grand-mère autochtone ? Qui n'a pas vécu la scène un soir de Noël où la famille ne s'attarde pas sur une photo, où une page d'album est tournée un peu plus vite ; les adultes restant évasifs quand les enfants demandent innocemment *mais c'est qui elle* ?

Il semble qu'on ait du mal à accepter ce métissage que pourtant Dalpé revendique :

> Au fait, ce que je suis en train de vous dire, c'est que je suis un métis, un être (culturellement, linguistiquement) hybride. Et que le « problème », c'est pas d'être ce que je suis en soi. Mon problème c'est quand on se met à parler de CULTURE et d'IDENTITÉ, je sais très bien que si mon interlocuteur ne se perçoit pas lui-même comme métis – peu importe si c'est français-anglais ou autre chose –, je sais que la notion de métis glisse, plus ou moins subtilement selon la personne, mais infailliblement, vers la notion de... bâtard. [...] Parce que nos langues et, par extension, nos cultures, ont été marquées par l'histoire et surtout par l'expérience impérialiste des deux métropoles, Londres et Paris. Entreprise gigantesque, monumentale, qui exigeait une vision hiérarchique des êtres humains et donc un concept d'identité centrale forte et dominante. En d'autres mots, dans ce monde-là, et on vit toujours avec ça aujourd'hui, le bottom line c'est : If you're in, you're in.

---

[54] Métis, avec la majuscule, réfère à une personne appartenant à la nation métisse – composée de descendants d'unions mixtes entre ancêtres autochtones et ancêtres européens – reconnue par la Constitution canadienne de 1982. Les Métis constituent donc une nation du point de vue légal mais aussi parce qu'ils ont acquis au fil du temps une conscience nationale, une identité et une culture propres et des valeurs spécifiques. Par ailleurs, toute personne peut se définir comme un métis – sans la majuscule –, pour faire valoir le mélange dont elle est issue, sans pour autant que cela ne l'inscrive dans une communauté ayant une identité et une culture propres ; il s'agit d'une auto-identification personnelle à laquelle aucun droit particulier n'est attaché.

If you're out, you're fucked. Bad! Pis si t'es blanc et européen, au carré! Dans cette vision du monde – et j'ai envie ici d'utiliser plutôt l'expression vision-fiction du monde –, on lie la notion d'identité à une notion de frontières. Frontières géographiques mais pas nécessairement; elles peuvent être d'un autre ordre : linguistiques, religieuses, ethniques, coupe de cheveux, etc. Mais ce qui est sûr et certain, c'est que cette fiction repose sur un à priori, celui qu'il existe une ligne de démarcation claire entre nous et l'Autre. Évidemment, dans cette fiction-là, j'ai pas le beau rôle. Les métis, les hybrides, les bâtards vivent dans une espèce de zone frontalière du no man's land tampon flou ambigu pas net, impur… […] Donc l'hybride que je suis a […] une autre vision du monde. Et c'est une fiction où la notion d'identité n'est pas liée à une notion de frontières et de lignes de démarcation, mais à celles de passage et de voyage. […] Ma culture n'est pas une chose fixe et à l'extérieur de moi, mais intérieure et liée à mon voyage et à mes rencontres, mes échanges, mes rapports avec le monde. Dans mon histoire, puisque les cultures sont portées par des êtres humains en chair et en os comme moi, toutes les cultures sont hybrides, sont en train de se transformer[55].

Finalement, Dalpé résume en deux pages ce que je tente maladroitement de décortiquer en deux-cents – comme quoi tout le monde n'est pas écrivain.

---

[55] Jean Marc Dalpé, *Il n'y a que l'amour*, op. cit., p. 254-255.

Moi maudite Française devenue Franco-Ontarienne...

Je m'en reviens du concert donné par Patricia Cano, notre chanteuse franco-ontarienne nationale. Je suis en train de braver les 50 cm de marde blanche d'hier et les -30 degrés d'aujourd'hui. Il fait frète en hostie. Je trouve mon courage en me rappelant des derniers Dalpé et Germain que je viens de relire pour un article dit scientifique. Je pense à ces trappeurs, ces chasseurs, ces bûcherons, ces Franco-Ontariens habitant leur espace fait de frète, d'hiver, de maudite marde blanche. Ça me donne du courage, pis je pense à mes chums à Minsk, il faisait frète aussi là-bas ; pis je pense à Chalamov, au goulag et pis à Auschwitz et Ravensbrück, à Simone Veil et à Geneviève de Gaulle-Anthonioz ; il faisait frète aussi là-bas. Pis, à un moment l'alcool baisse, pis je me dis « allons Aurélie, t'es pas une Zek, t'es pas dans les camps, c'est pas si pire », bah non Chriss' c'est pas si pire, je suis à Sudbury, y fait frète et je ne suis pas en mode survie, mais ça m'aide de penser à eux pour braver le froid et la marde blanche.

Fuckées pas mal comme références, bah c'est ça, t'es une maudite Française devenue Franco-Ontarienne. Les références sont toutes mêlées. Pis là je pense à ma conversation avec Carlos Bernado, le guitariste brésilien le plus sudburois qui soit, qui m'annonce, drette-là, qu'il vient de déménager à Paris avec sa nouvelle blonde. Moi, je pense à mon ex-chum qui m'a amené icitt' dans le frète, pis qu'est maintenant avec une Brésilienne. Je me dis : « Chriss, y'aurait un roman à écrire ». Pis ma petite voix intérieure me rappelle : « Bah, mais tu sais pas écrire ». C'est vrai, alors y'en aura pas de roman. Mais bon, sur le chemin, face au vent, je pensais (c'est une maladie, je peux pas m'en empêcher). Je me disais que tout ça, à soir, c'était bien révélateur des Franco-Ontariens, et que c'était pour ça que je me dis franco-ontarienne depuis un bout'. C'est que tout le monde y peut l'être franco-ontarien. Patricia, Carlos, pis moi. Pis en même temps, on vit pas dans notre petit monde icitt' dans le Nord, Non. Patricia, elle se partage entre icitt', pis le Brésil, pis le Pérou ; Carlos, entre icitt', pis le Brésil, pis la France. Pis moi itou. Pis ma fille qui un jour du haut de ses six ans à un Anglo qui lui demandait « Mais tu es quoi toi ? », elle lui avait répondu drette là « Bah, je suis franco-ontarienne parce que je suis née dans le Sault, pis Québécoise par mon père, pis française par ma mère ». Maintenant, elle peut dire qu'elle est un peu brésilienne itou parce que son demi-frère y est brésilien. Pis en plus la maman du petit, la Brésilienne, elle est aussi italienne. Envoye donc : franco-ontarienne, québécoise, française, brésilienne, pis italienne. Les appartenances, c'est comme la salade de fruits, plus y'en a, meilleur c'est.

Alors voilà, c'est tout ! C'était beau à soir de voir que Pattie avait rassemblé plein de monde au Little Montréal pour récolter de l'argent pour les familles des pauvres victimes de travailleurs temporaires péruviens. À soir, y avait des francos, des anglos, des hispanos, peu importe, on était là pour se souvenir. Et pis c'est drôle mais Stef' Paquette a chanté quelques tounes, dont celle sur les mineurs. C'était la première fois que je l'entendais. J'ai pas pu m'empêcher d'avoir les larmes aux yeux. Pis Pattie aussi elle a chanté une chanson sud-américaine sur un Manuel mort au champ de mines. Pis je me suis demandée pourquoi ça venait me chercher. Moi, je suis tourangelle et bordelaise, on fait pas dans les mines, on fait dans le vin. Mais finalement, ça venait me chercher parce que les mines, comme Franco-Ontarienne, maintenant ça fait partie de mon héritage, pis aussi parce que, au final, c'est des travailleurs, qui travaillent la terre, en dessous ou en dessus, on s'en fiche. C'est des gens qui donnent leur vie à travailler la terre. Et quelque part, notre identité elle est là. En dessous ou en dessus de la terre.

Pis vous savez quoi ? Y avait Marcel Aymar dans la salle. Quand je l'ai vu entrer, j'ai pas pu m'empêcher de dire « Y'a l'homme invisible ». Pis, à la fin du concert, j'ai dit à mon ami, « Eh, regarde y'a Marcel Aymar, la première fois que je l'ai vu, je lui ai demandé un autographe ». Pis là, mon ami, québécois de son état, a souri. Alors, en maudit, j'ai été lui parler à Marcel. J'lui ai montré la vidéo que j'avais fait' avec mon téléphone du concert de CANO à Sturgeon en juin passé. Juste, genre pour lui dire que j'étais une vraie fan. Bon, c'était quétaine. Mais je m'suis dit «Vous, vous pouvez pas comprendre. Vous avez grandi avec CANO. Mais moi, c'est là que tout a commencé». Anyway, pendant tout le concert, j'ai rêvé que Pattie invite sur scène Marcel, pis qu'y fassent *En plein hiver*. Ça s'est pas fait, mais chu sûre que j'vais en rêver cett' nuit!

IV – Une nouvelle prise de parole

Nowhere du Nord

Généalogie d'un projet

Grâce à un financement de la Fondation Musagetes, dont la mission est de donner toute sa place aux arts afin de mettre en exergue les défis et problèmes de nos sociétés et communautés, Miriam Cusson a pu monter un happening théâtral intitulé *Nowhere du Nord* un soir d'été 2013. Musagetes n'en était pas à son premier projet dans la ville du Nickel. D'autres projets y avaient été développés, y compris *Between a Rock and a Hard Place*, un happening musical, et *Sudbury Life in a Northern Town / Sudbury Au nord de notre vie*, une série alliant essais et photos. Ce qui semble fasciner les décideurs de Musagetes, c'est l'histoire et la coexistence de plusieurs communautés au sein d'un espace unique. Pour ce projet, Miriam Cusson avait carte blanche, une chance rare de monter un show sans contraintes institutionnelles, de lieux, de parole, avec un budget relativement confortable. Le moins que l'on puisse dire c'est que le happening auquel quelque quatre-cents personnes ont assisté, a marqué, selon moi, un tournant majeur dans l'histoire du théâtre franco-ontarien de par son propos et ses formes esthétiques.

Choix artistiques de la metteure en scène

Un happening. Il faut relire les quelques pages que Fernand Dorais consacre aux différentes fonctions du happening. Et ce sont toutes ces fonctions que Cusson met en valeur en choisissant cette forme. J'en rappellerai une ici, celle de la démocratisation du savoir :

> Entendons ici l'accessibilité du Savoir pour tous et par tous, sans honteuse discrimination sociale, raciale et même nationale. Le *Happening* dénonce tout nationalisme libéraliste attardé et promeut l'universalité absolue du pluralisme et de la polyvalence. En ce dernier sens, tous les types de talents doivent être respectés et surtout prospectés, ainsi que toutes les orientations de la recherche dont nulle n'est objective, puisque toute recherche s'incarne dans un langage, et que tout langage est subjectif[1].

Le lieu. Miriam Cusson a décidé de sortir de l'espace clos du théâtre pour jouer à Chelmsford, en plein air. Une pièce de théâtre mobile, nomade, où acteurs et spectateurs ont commencé par se rassembler sur la place de l'église, pour se déplacer vers le parc, puis l'école et enfin à la taverne. L'école, l'église, la taverne : la sainte trinité nord-ontarienne, là où la communauté existe, se rencontre, se parle, se déchire. Le show commençait de façon virtuelle, sur les ondes de la radio Le Loup FM. Les spectateurs, dans leur voiture en route vers Chelmsford, étaient déjà transportés par la pièce. Le choix des lieux n'était en rien dû au hasard. La dramaturge est née et a grandi à Chelmsford, petit village à l'accent et à l'identité bien définis, et cette pièce était en quelque sorte biographique. L'itinéraire, les questionnements et les dilemmes identitaires d'une jeune franco-ontarienne à laquelle nous sommes nombreux à pouvoir nous identifier.

La troupe. Le travail de Miriam Cusson s'inscrit dans la tradition initiale du Théâtre du Nouvel-Ontario, alors que les pièces se montaient, s'écrivaient, se jouaient, collectivement, en *gang*, en franche camaraderie. Pour ce projet, elle a tenu à travailler avec des artisans du cru, quitte à les faire venir du bout du monde. Elle invite notamment Yvan Castonguay, lui aussi originaire de Sudbury, costumier formé à Halifax et à l'École nationale de théâtre, qui travaille souvent pour le Cirque du Soleil. Il crée des costumes pour les bouffons d'une originalité et d'une beauté

---

[1] Fernand Dorais, *Le recueil de Dorais. Volume I, op. cit.*, p. 79 (p. 77-80 pour le *Happening*).

époustouflantes exprimant une créolisation assumée ; il est épaulé par Bill Shawanda, artiste visuel de Manitoulin. Elle s'entoure de ses camarades de jeu traditionnels, Mélissa Rockburn, et les sept bouffons incarnés par Daniel Aubin, Christian Pelletier, Ryan Demers, Denys Tremblay, France Huot, Jenny Hazelton, Jenn Blanchette. Elle choisit également comme acteurs principaux John Turner, créateur du Conservatoire du clown de Manitoulin, reconnu à l'international et Bruce Naokwegijig, originaire de Wikwemikong et membre de la compagnie théâtrale des Debajehmujig. Du côté production, technique et environnement sonore, elle fait appel à Dan Bédard, Jeff Houle et Rénald Ouellette, ainsi qu'à Véronique Dault (originaire de Chelmsford également) pour le coaching vocal, et à Sandrine Lafon (originaire de France et danseuse professionnelle, notamment pour le Cirque du Soleil) pour le coaching chorégraphique. Enfin comme conseillers dramaturgiques, elle opte pour Daniel Aubin, John Turner et Matthew Heiti, sans conteste l'écrivain et metteur en scène le plus en vue de la scène artistique anglo-sudburoise. Le processus de création chez Miriam Cusson est marqué par cette approche résolument collective où tout le monde, tous les artisans, sont invités à donner leur son de cloche, à partager leurs idées. Le texte s'écrit au fur et à mesure des rencontres, des répétitions, souvent à la dernière minute. Les bouffons, par exemple, se retrouveront à devoir livrer plusieurs pages de texte, finalisés dans les derniers jours.

L'art bouffon. Là encore, Miriam Cusson s'inscrit dans la tradition initiale du TNO. Utiliser l'art bouffon permet – c'est sa fonction – d'offrir une critique sociale et politique des institutions et des relations de pouvoir, de manière détournée, en évitant la censure. Il permet de créer plusieurs niveaux de discours et d'engager le spectateur, d'en faire un participant. Il leur laisse la liberté d'interpréter ce que fait et dit le *clump* (le groupe de bouffons). Par ailleurs, l'art bouffon repose sur l'habilité des bouffons à interagir avec le public, à jouer avec lui, à le rendre acteur. Il y a deux choses qui sont fascinantes par rapport à l'usage de cette vieille forme artistique héritée de la Renaissance. Premièrement, le fait que, en bonne partie grâce au conservatoire de John Turner à l'île Manitoulin, un grand nombre d'artistes sont bien formés à cette expression artistique et que Cusson a eu la bonne idée de mettre en valeur cet élément qui nous différencie et marque notre originalité; deuxièmement, si elle s'inscrit dans la tradition des années soixante-dix (avec Paiement et CANO) et quatre-vingt (avec Haentjens et Dalpé), elle parvient à s'émanciper de cette filiation en offrant un contenu radicalement nouveau par les choix de langues et une esthétique créolisée.

Un conte oral. Ici encore, Cusson s'insère dans la grande tradition créatrice du TNO des premières décennies. La marque de l'oralité est forte, renforcée par la présence des bouffons et l'investissement des espaces et des lieux. Il n'existe d'ailleurs pas vraiment de version écrite de ce happening, tout au plus un script et des bribes de texte. Il s'agit bien d'un conte (non d'une fable, pas de morale à la fin) qui emprunte à la tradition franco-ontarienne tout autant qu'à celle des Ojibwés, les bouffons rappelant à certains moments Nanabozho.

Le pitch. Trois candidats (une francophone, Mélissa Rockburn; un anglophone, John Turner; et un Autochtone, Bruce Naokwegijig) s'affrontent dans un jeu de téléréalité, un duel à trois, à mort, au cours duquel on exigera de chacun de livrer sur la place publique sa vie, son rapport aux institutions de pouvoir, ses fautes non expiées, ses travers. Trois destins personnels qui au final se confondent avec le destin de trois communautés au Canada. Tous les rapports de pouvoir, toutes les complexités et malaises identitaires sont passés au crible et dénoncés. Les bouffons servent tantôt d'oracles, tantôt de spectres: ils n'ont pas les filtres sociaux pour dire ce que les gens veulent entendre; non, ils dénoncent sans cesse. Ils ne sont pas là pour mettre à l'aise, bien au contraire.

Un tournant majeur

Cusson réussit ce pari toujours un peu fou et souvent raté au théâtre de partir de trois destins individuels pour rejoindre l'universel. Elle parvient à ancrer son propos dans une réalité propre au Nord, qui parle au public, tout en soulevant les questions fondamentales que le public devrait se poser comme citoyen, comme humain. Ce faisant, elle inscrit sa pièce en droite ligne avec *Le chien* de Dalpé et la trilogie de Ouellette.

Ce coup de maître, elle le réalise en choisissant des formes théâtrales trop peu souvent utilisées : elle sort des murs du théâtre et incorpore le bouffon. Le spectacle marque un tournant en faisant imploser les barrières entre les trois communautés : la pièce se joue et s'entend en français, en anglais et en ojibwé, *et* sans traduction simultanée ! Cusson met en scène les trois communautés, incarnées par trois personnages et à priori divisées, pour mieux souligner une histoire commune, une communauté de destin, pour mieux faire imploser les divisions en proposant une identité commune résolument créolisée, fluide et dynamique, dont les mots, mais surtout les comportements, intègrent bel et bien l'autre à soi pour former un être nouveau, le nouvel homme du nouveau Nouvel-Ontario, multilingue, nomade, errant à travers la petite ville se réappropriant ses symboles d'oppression pour mieux se libérer, ensemble, parce que, nécessairement, ce chemin doit se faire ensemble. Comme l'écrit Glissant (TTM, 61), « *Assez de lamentos ! Osons plus souvent. Descendons le récit dans le présent, poussons-le dans demain ! Creusons les souffrances que voici, pour prévenir celles qui vont paraître.* »

35 ANS PLUS TARD

Réponse à une lettre ouverte de Robert Dickson, 35 ans plus tard (transcription censurée)

Salut salut salut…
    Je t'ai vu en scène il y a quelques jours. À Ottawa-Canada. Dans une salle bondée, au cœur de la Capitale grand C, grand revenant ta grande voix résonnant dans des oreilles semi-sourdes. Ton cœur fictif tout chaud palpitant dans les mains d'un extraterrestre damné, fils adoptif de Sudbury. Parce que quand on les aime, on les garde.
    Dans la poche de mon manteau, j'ai l'autographe du Rocket cueilli à Chelmsford Ontario et je te l'aurais donné fair trade pour une copie usagée et usée de *L'homme invisible*. Man, you sure know how to die.
    Ces prochains vers je les ai écrits pour la première fois le 25 mars 2013 dans le Moulin à Fleur à Sudbury-Canada dans ce qui serait possiblement le nombril de l'Ontario, pour certains.
    Après cette Nuit, après Robert qui, malgré lui sera toujours imprimé dans nos cours et nos caves et nos cœurs.
    D'une mezzanine qui n'en est pas vraiment une, j'ai regardé le spectacle. Une fine couche de poussière d'étoiles sulfureuses flottait par-dessus nos têtes, par-dessus notre cerveau collectif trop souvent asservi. Flottant, nous aveuglant, c'est selon. Nuit vaporeuse illuminant la swamp, comme dirait Félix, la swamp, terrain fertile pour les ouaouararons, les têtards gigotant, les pattes de grenouilles grillées, les freedom frogs assassinées. Et tout à coup tout le monde a pas d'âge pas de peine pas de plan pas de stratégie pas de pays.

Un air d'anthem américain grinçait dans la salle comme si Jimi Hendrix le jouait lui-même, me ramène temporairement dans le here and now, dans le icitte et tout de suite. Nous sommes toujours à la croisée des ères Robert, nous sommes des Romains modernes se rendant compte qu'ils sont allés un tantinet trop loin. L'histoire se répète et pète plus haut que le trou. Prolégomènes conjugués toujours au pluriel. Peu de choses ont changé, peu de choses, sauf tout… en un millième de seconde je peux voir les bombes explosées comme des poèmes loadés de métaphores meurtrières. It's a curated life. Et tout le monde est prophète. Du haut de sa tour du Ministry of Poetry, George Orwell proclame : Man… I did not see that coming.

En marchant dans la cour d'école dans Anytown Nord de l'Ontario, j'écoute Bob Watts déclamer sur ma Radio-Canada castrée que le peuple canadien, les Premières Nations, les francophones, les anglophones et tous les immigrants migrant de nulle part et de partout ont une chose importante en commun, je ne sais toujours pas ce que c'est.

Je pense aux résidences d'artistes, à notre liberté provisoire, aux écoles résidentielles, à ma résidence ici et ailleurs.

Et tout à coup je pense au trou. Mine de rien, à ciel ouvert, cœur ouvert dans nos cours et nos caves, comme c'est cave de faire comme si tout est gagné et qu'il n'y a rien à perdre, alors qu'il y a tant de choses à faire… Du moins, je l'espère du fond du trou de mine dans le fin fond de mon… je l'espère.

Aujourd'hui, on est UN pas plus loin qu'hier même si on vient juste d'arriver en ville. Et arriver en ville, il faut le faire pour le principe de la chose, pour la perpétuité, pour la prospérité, pour le peuple ET les prophètes, et pour avoir le droit de dire encore et encore et encore, FUCK la poésie.

Texte de Miriam Cusson, livré par Miriam Cusson,
French Fest de Sudbury, le 25 septembre 2015.

⁂

Réponse à une lettre ouverte de Miriam Cusson, écrite quelques jours plus tard par A.L., quelque part au milieu de nulle part, au milieu d'épinettes déchiquetées, un jour morne et pluvieux de fin septembre annonçant novembre et l'automne. Toute saison vivra. Nous survivons. (transcription à censurer)

Salut salut salut…

Comment s'émanciper sans oublier ? Sans oublier parce que cela est impossible, et que ce n'est pas souhaitable. Comment s'émanciper du maître parce qu'il faut avancer et ne pas répéter ? Comment tuer le père enceint de sainte poésie tout en assumant la filiation ? Comment vivre et créer avec la grosse roche noire qui pointe son nez tous les matins sur la Patterson ?

On demeure asservis et on n'a pas de plan pas de stratégie

Au lendemain de la 40ᵉ Nuit sur l'étang, on se réveille sonnés, réalisant qu'on a passé un bon moment, qu'on a fait un énième party ensemble, qu'on est toujours des grenouilles grenouillant dans l'étang, mais que finalement on n'a pas de pays, pas de plan, pas de stratégie, qu'on profite de l'instant présent en se raccrochant au passé sans envisager l'avenir. (Parfois aussi on se réveille amoureuse ne comprenant pas ce qui s'est passé, mais il est déjà trop tard. Parfois aussi, on se réveille toute mêlée comprenant qu'on aurait dû écouter le poète qui nous chantait la pomme et qui s'est tanné de nous voir tergiverser pendant qu'un autre amour impossible naissait).

Peu de choses ont changé, sauf tout

Cette impression tenace que ça se répète, que l'on ressasse toujours les mêmes affaires, les mêmes complaintes, les mêmes vieux rêves, les mêmes poèmes et pourtant autour de nous, le monde change, à une vitesse accélérée. Ô il ne change pas dans sa nature, toujours la mort qui rôde, toujours les bombes, toujours les opprimés, toujours les pauvres migrants fuyant et rêvant pour finir exploités, toujours les mêmes prophètes de malheur, toujours le même contrôle exercé par les grands de ce monde. Mais disons que le monde pédale très vite à rebours, qu'il n'avance pas mais qu'il rétrograde, marche arrière tout' vers un nouveau Moyen Âge où la barbarie est la norme, où l'on brûle intellectuels et poètes sur la place publique comme autrefois les sorcières et les chats noirs, où l'on est prêt à mourir pour un drapeau, où l'on ferme les universités, où l'on ne voit rien venir trop occupés que nous sommes à survivre ou à consommer, c'est selon, Sud ou Nord.

Le Canada, ce trou, cette plaie béante, ce cratère à la matière indéfinie
What is it to be Canadian? Je pose la question chaque année à mes étudiants. Certains osent: le multiculturalisme – et les écoles résidentielles, elles étaient multiculturelles? Next. D'autres renchérissent: le bilinguisme – oh yeah? Really? Do you speak French? – No sorry, we don't speak French… – So I must teach in English although I am French, but you don't have to speak French because you're English. Next. Timidement: les droits humains, the best country in the world. Demande aux femmes autochtones violées, assassinées! Demande aux enfants des prisons à ciel ouvert appelées réserves, sans école, sans eau potable, couverts de gale, qui se suicideront à quinze ans quand ils seront shippés à Thunder Bay! Demande aux 15 % de la population qui ne mange que «grâce» aux banques alimentaires! Next. Au final le consensus, pathétique, s'avère toujours le même, Tim Hortons, une société de beignes/a donuts' society; le hockey, vous avez déjà observé une foule dans une aréna? C'est-tu à ça qu'on veut ressembler, une société de pockés?

On vit sur nos acquis et pourtant
On a notre drapeau! On a nos écoles! On a nos collèges! On a notre hôpital! Nos acquis, nos acquis, protégeons nos acquis. Protégeons, préservons, réjouissons-nous, glorifions les petites miettes que, magnanime, le pouvoir nous a octroyées pour occuper nos petits becs et, surtout, surtout, fermer la yeule de nos cousins. Habillons-nous de blanc et vert pour ne surtout pas penser que tout reste à faire. Sois gentil, parle en français, je te donnerai des franco-dollars, écoute Swing comme si c'était de la musique, dessine ton drapeau fleur-de-lysé-trillé, reste-là sagement à ta place, ne fais pas de bruit, ne crée pas, n'apprends pas, ni ta langue, ni ta poésie, ni ton histoire – Durham a bien dit qu'on n'avait rien de tout ça anyway – reste au fond de ton trou, you belong here, notre place, aujourd'hui pour demain. Continue à t'emmêler la langue et à te prendre les pieds dans ton bréviaire et ton dictionnaire bilingue.

Faut que ça bouge!

« Faut que ça bouge, faut que ça crie », faut que ça jaillisse comme une coulée de slague, arrêtez ce délire de médiocrité collective, lancez vos cris rauques, revendiquez, faites tout péter, tout exploser, colorez les murs de la ville, apparaissez pour ne plus disparaître / appear to never again disappear, sortez du trou, faites remonter la cage une dernière fois, brûlez vos cartes à puncher, devenez des étoiles qui scintilleront bien haut dans le ciel, qui éclaireront enfin un avenir qui ne peut devenir possible qu'en fuckant avec la poésie.

Daniel Aubin poète public

Dans l'espace communautaire et artistique de Sudbury, Daniel Aubin incarne, je crois, une voie/voix particulière et emblématique de toute une nouvelle génération, offrant une nouvelle prise de parole, de nouvelles façons de faire, et de nouvelles perceptions du Nous. Ce, pour au moins quatre raisons. Tout d'abord, la poésie de Daniel Aubin est singulière et son discours poétique profondément politique. Ensuite, Aubin est un poète foncièrement ancré dans la communauté, un poète engagé dans la Cité qui ne refuse jamais une invitation à déclamer un poème pour un événement public. Par ailleurs, il symbolise le nomadisme de plusieurs artistes : après avoir terminé son bac en arts d'expression, il est parti s'installer aux États-Unis puis est revenu à Sudbury, sa ville natale. Enfin, Daniel Aubin affirme dans ses différentes pratiques artistiques une profonde allergie au dualisme linguistique longtemps prôné ; et il est loin d'être le seul de sa génération.

> je n'accepte pas
> la dualité
> que mes parents
> m'ont inculquée
>
> good and evil
> french and english (*Néologirouettes*, 43)

Une poésie politique

Nous avons eu l'occasion précédemment d'examiner de plus près certains poèmes parus dans les deux recueils publiés à ce jour par Daniel Aubin chez Prise de parole. Mais le poète sudburois est un performeur et un créateur spontané et prolifique, il saisit les occasions de créer des poèmes happening, lus pour un événement spécifique. Certains ont été publiés dans différents médias, et il y a lieu de s'y intéresser car les résonances politiques de ces textes, créés dans un but précis, n'en sont que plus importantes. J'en ai choisi deux : le premier, performé pour le French Fest de Sudbury le 25 septembre 2015 célébrant la journée des

Franco-Ontariens et le quatre-centième de Champlain en Ontario, et l'autre prononcé en septembre 2012 lors des Journées culturelles. Ces deux poèmes, qui nous permettent d'examiner comment Daniel Aubin se positionne par rapport à la fois au fait français et à la notion de culture, étaient tout désignés.

French Fest 2015

à cause des causeries d'un canot

les murmures de nos villages
la rumeur que nos ancêtres se sont
racontés
qui sera racontée à nouveau
qui nous sommes

d'un côté de la rivière ou de l'autre
voyons-donc, voyez-vous la ligne pointillée
les poissons la dessinent à la queue leu leu
les cieux même s'en mêlent
se levant là-bas pas loin
plongeant par ici
par icitte
drette là

une grosse balle de nickel chaude
un bol orange comble de slague au lard
une vieille cenne noire
le feu qui prend dans la gorge
les flammèches qui flashent dans les yeux

ça rappelle une histoire
ça part la rumeur
ça sonne au téléphone
ça ouaouaronne dans le noir

these are the sights and sounds that home are made of
splash laughter in the ground blushing blue green
tomorrow we'll boil snow and set traps
quinze-deux, quinze-quatre, chew the fat

make the love

j'aime bien ta peau d'animal
je veux te faire la traite des fourrures
établir les bases (de données fiscales) d'une relation de confiance
aux retombées redistridisputées à jamais

faire des enfants
et corriger les dictées qui épèlent je t'aime
avec un apostrophe « m »

à cause des causeries d'un canot
qui sèment l'industrie sur le bord de la rivière
qui sèment de la patate sur une terre pleine de roches
qui s'aiment autant que s'aiment les siffleux, le doré, les garnouilles

french kiss the ground full of rocks and root vegetables
sprout churches falling down while the jobs migrate north
to the final french frontier

f-f-f
faut croire que ça nous tient à cœur
j'entends les murmures de nos villages
je vois les murmures de lumières
qui shinent à travers les chemises
maculées de sueur et le sortilège sournois du sang

je répands la rumeur que nos ancêtres se sont racontés
qui sera racontée à nouveau
qui nous sommes

pas les premiers
pas vraiment
vraiment pas

mais le cœur qui clenche quand même
à jamais à jamais je ne t'oublierai
ça fait quatre-cent six mois, une semaine, quatre jours et 16 heures
que je vis en français
plus ou moins
puis je pense ben que je vais continuer

à cause des causeries d'un canot
et nous vous tous qui french festez

s'cusez-la[2]

À travers certaines références aux premiers poètes franco-ontariens, Daniel Aubin exprime, si ce n'est une filiation, tout au moins un respect envers eux. Son texte est marqué par la reconnaissance envers plusieurs générations d'hommes et de femmes, par un certain héritage. Comme à l'accoutumée, les références à Sudbury, à l'eau et au ciel sont nombreuses et représentent sa façon de s'inscrire dans un espace, un lieu et un territoire, tout à la fois ancré et s'émancipant dans l'infini aquatique ou céleste. Dans le contexte des quatre-cents ans de Champlain en Ontario, Aubin ne rate pas l'occasion de rappeler quelques vérités historiques. La référence aux Voyageurs et à la traite des fourrures est explicite, c'est une première dans son œuvre et pourtant cela fait intimement partie de sa vie. Il rappelle que nous n'étions pas les premiers sur cette terre, rappel capital et primordial. En effet, nous ne pourrons jamais entrevoir de réelle émancipation collective si nous ne nous réconcilions pas avec notre passé colonisateur avant notre condition de colonisé. Il termine son texte en affirmant son envie de continuer à vivre en français « plus ou moins », sorte d'euphémisme pour signifier qu'il a bien

---

[2] Ce texte est disponible en suivant le lien suivant http://lavoixdunord.ca/index.php/component/k2/item/1719-french-fest-2015.

l'intention de vivre en français et en anglais et de continuer à intégrer les deux langues dans ses productions esthétiques.

Fête de la culture

> parce qu'il faut parfois se placer en périphérie de la parade promulguée
> pour nous voir nous vous tous citoyens de Sudbury
> se presser à paraître prêts à performétiser les métaux
> malaxer le magma se caler dans le carburendement
> artifinancier

> because there's more to it than dump trucks drill bits and spreadsheets
> counting down the hours to shopping for concrete
> plans to flatten and four lane the way to work and back
> to work the machine and make it work for you and me and we
> are all together tethered to the rock with rusty trains of
> thought bubbles or clouds of smoke signals
> screaming here we are we live up hear us sound
> the five alarm fire it up up and away

> pour célébréveillonner les richesses surnaturelles
> qui parsèment le paysage humain en temps de
> libertélévisés rarement apprivoisés par l'art
> de se dire des reconstructeurs et raconteurs de récits
> qui surpassent la culture comptabilisée

> comment valoriser ou dévaloriser les épiphanies
> provoquées par pinceaux prophètes
> racontées par ruisseaux enregistrés
> cultivées par crayons caressés

> c'est simple ça ne se compte m-p-t-e pas
> the priceless e-m-p-t-y page

> you can't count the dreams retained thanks to
> exquisitely quilted songs and refrains refined
> in the smelter of our hearts and minds
> making marvels from the muck
>
> so the city might be sculpted surpassing
> ressource economy resurrected
> réveillons-nous et réveillonnons
> que nos réalitrêves rayonnent
> et ressuscitent les dialogues dénudés
> de mystérieux développements économystiques
>
> for the poets publicists and playwrights
> pour les peintres les comédiens et les clowns
> musiciens magiciens de la mode indéterminée
> for fiddlers and whistlers and whittlers of wood
> sculptors singing of course we could
> we did and we'll do it all again
>
> que le cratère se transforme en points de beauté
> pluriels surréels scintillants
> par nous sacrés sudburois
> désormais devenus grands
> let's make this great city
>
> greater [3]

Daniel Aubin nous rappelle ici que le travail aliénant au quotidien, auquel le système nous astreint, n'est pas tout dans la vie. Au contraire, la culture s'avère essentielle et ne peut souffrir d'être considérée comme une marchandise que l'on pourrait compter ou évaluer. La culture se projette comme et dans les rêves, et par là même, elle rend belle la laideur qui nous environne. Car il s'agit bien d'une ode à la ville de Sudbury, dont l'histoire unique inscrite dans les paysages offre un répertoire infini

---

[3] Ce texte est disponible en suivant le lien suivant http://www.prisedeparole.ca/2012/10/02/daniel-aubin-poete-officiel-de-sudbury-livre-un-texte-fort-a-loccasion-de-la-fete-de-la-culture/.

d'inspirations pour les artistes. Mais c'est plus que cela, c'est un manifeste politique pour que Sudbury s'affirme comme ville culturelle et artistique. Certes, elle demeurera toujours la ville du Nickel, mais une ville chantée par poètes et musiciens célébrant la vie, et non celle où la mort rôde pour tout mineur qui y travaille. Aubin affirme ici le caractère politique de la culture et son pouvoir transformateur et émancipateur pour la communauté. Il réitère l'idée que le poète s'exprime toujours à partir d'un lieu. Que l'on ne prend pas la parole dans un vacuum.

Un poète engagé dans la Cité

Daniel Aubin a été nommé poète officiel de la Ville du Grand Sudbury pour les années 2012-2013. Il a succédé à Roger Nash, le premier à occuper ce poste. On peut sans conteste affirmer qu'Aubin a pris au pied de la lettre sa mission, en intervenant de nombreuses fois sur la place publique tout en assurant des permanences dans les bibliothèques publiques et en animant un blog littéraire communautaire invitant les citoyens à écrire de la poésie. Qui plus est, on a du mal à croire que Daniel Aubin n'occupe plus cette fonction, puisqu'il continue à être convoqué pour livrer ses poèmes de façon récurrente. Bien entendu, il y a quelque chose de fascinant, voire de symbolique, dans sa volonté affirmée et affichée d'intervenir dans l'agora. Dans la longue liste des poètes sudburois, il fait figure de quasi-exception, même si, ailleurs dans le monde et à certaines époques plus qu'à d'autres, les poètes ont souvent été des poètes engagés. D'ordinaire, les poètes sont peu enclins à prendre la parole publiquement, et encore moins pour livrer une pièce composée sur commande. Chez Aubin, cela dénote un désir de faire lien avec la communauté (et non pas à parler en son nom). Il défend une vision de la poésie comme discours politique et public et du poète comme acteur et pilier incontournable de la communauté, et ce faisant revendique la responsabilité du poète dans la vie sociale. Il n'aimera sans doute pas la comparaison mais c'est un peu le René Char de la poésie franco-ontarienne, alors que l'homme se confond avec le poète et où la révolte, la résistance, la liberté représentent au final le triptyque de sa poésie.

La Cité, Daniel Aubin ne la conçoit pas comme une citadelle francophone aux murs imaginaires. Bien au contraire, il a, dès ses débuts, collaboré avec des organismes et des artistes anglo-sudburois, que ce soit la revue *Sulphur* ou la English Arts Society, un groupe d'étudiants de l'Université Laurentienne. Ces dernières années, Aubin a tenu le premier rôle dans deux pièces mises en scène par Encore Theatre (*Lenin's Embalmers*, 2013, et *Abraham Lincoln Goes to The Theatre*, 2015). On pourrait affirmer qu'Aubin sert de pont entre les deux communautés, mais ce serait une vision erronée de la démarche du poète-comédien : Aubin vit bien dans les deux langues, comme un poisson dans l'océan, et il est sorti du marécage grenouilleux tout simplement.

Un artiste nomade

On a déjà abordé les exils et retours de Daniel Aubin au cours des années, entre la côte Est américaine et Sudbury. Aubin apparaît comme un poète intimement *franco-américain* – un autre trait qu'il partage avec Jean Marc Dalpé. Son imaginaire se construit depuis son enfance, en grande partie par la culture américaine (que ce soit la musique, la littérature, la poésie, les *comic books* qu'il affectionne particulièrement). En cela, il émerge non seulement comme un nomade, mais comme un poète créolisé qui s'est approprié diverses traditions qui lui permettent au final de produire une œuvre unique en son genre. Souvent, les spécialistes se réfèrent à la littérature franco-américaine pour dénoter la production émanant de francophones vivant aux États-Unis, plus particulièrement au Maine, en Nouvelle-Angleterre et en Louisiane. Il me semble qu'il existe une identité et même un corpus littéraire plus vaste, que l'on pourrait qualifier de franco-américain, produit par des écrivains de langue française où qu'ils soient sur le continent mais qui partagent une proximité avec les traditions artistiques (musiques et littératures en particulier) états-uniennes, si ce n'est dans ses formes, souvent dans ses thèmes et ses usages des langues.

En français et en anglais, does it matter ?

La poésie de Daniel Aubin témoigne également de l'importance politique et identitaire des choix de langue effectués. Autrement dit, ces choix servent une fonction politique. Daniel Aubin a choisi d'écrire en français après avoir découvert Patrice Desbiens ; jeune garçon, il écrivait en anglais. Mais il aime – à des fins politiques ou de courtoisie, dépendamment de la situation – faire cohabiter anglais et français dans ses poèmes, et il ne s'agit aucunement de franglais. Cette prise de position est radicalement nouvelle et revendiquée par une partie de la dernière génération d'artistes franco-ontariens. Pourquoi ce tournant ? Contrairement à ce que leurs détracteurs pourraient penser, il ne s'agit pas d'une crise d'adolescence qui ne passe pas ; ce n'est pas non plus pour faire cool, ou parce qu'ils ne maîtrisent pas le français. Il s'agit d'une revendication qui vient de deux « traumatismes ». Le premier, souligné par Christian Pelletier lors du colloque sur la culture et l'identité franco-ontariennes tenu en mars 2010 à l'Université Laurentienne, c'est le 11 Septembre : la prise de conscience que, jeune franco-ontarien, il faisait partie d'un monde, qu'il y avait des débats, des luttes, finalement bien plus importants que ceux de notre petite communauté. À tout le moins, il fallait sortir du nombrilisme franco-sudburois. Le deuxième traumatisme est interne à notre communauté : il s'agit de la franco-dollarisation de nos écoles. « On te donne des franco-dollars si tu parles français », quelle absurdité grotesque ! Alors élève, Pelletier a détesté cette imposition, qui a mené beaucoup d'entre eux à « une période anglaise » et au rejet du français ; puis à un retour au français tout en acceptant la part anglophone qui constitue *aussi* leur identité. Cette contestation s'est d'abord exprimée au début des années deux-mille dans un blog lancé par Christian Pelletier et Félix Hallé-Théoret, qui a donné la parole à de jeunes franco-dollarisés. Il faudra attendre la décennie suivante pour voir cette contestation identitaire traduite dans les arts : *Néologirouettes*, *Nowhere du Nord*, suivie d'une récidive en février 2014 avec la présentation de *Contes presqu'urbain* [sic] / *Almost Urban Legends*. Dernière récidive en date, l'organisation par Christian Pelletier (et toute sa bande, dont Miriam Cusson et Félix Hallé-Théoret) du festival UpHere en août 2015, événement où groupes de musique émergents, muralistes et artistes visuels ont investi les rues de Sudbury pour trois jours de fête, de découvertes et de création, qui s'est ouvert avec le spectacle de Tanya Tagaq du Nunavut pour se clôturer avec A Tribe Called Red, sensation du moment mélangeant musique électronique et pow-wow traditionnel. D'aucuns se sont plaints que de jeunes francophones mettent autant d'énergie et de temps pour organiser un événement où l'anglais prédominait (même si un bon tiers des artistes étaient francophones). Ces critiques sont symptomatiques de l'incompréhension ou d'un manque d'écoute à l'endroit d'une génération qui ne cesse depuis une quinzaine d'années de pratiquer un discours revendiquant clairement la créolisation et qui refuse la « dualité inculquée » (même s'ils feront une concession au bilinguisme en produisant leur épais dépliant annonçant les événements dans les deux langues officielles).

Dans sa typologie des rapports aux langues, Édouard Glissant qualifie cette relation comme suit :

> *Rapports de multiplicité ou de contagion*, là où les mélanges explosent en création fulgurantes, surtout dans les langages des jeunes. Les puristes s'en indignent, les poètes de la Relation s'en émerveillent. Les emprunts linguistiques ne sont dommageables qu'en ces moments où ils se font passifs parce qu'ils sanctionnent une domination (PR, 119).

À date, je ne suis pas convaincue que les spécialistes ont porté l'attention requise à cette nouvelle prise de parole, qui gêne effectivement, parce qu'elle fait éclater les frontières pour fusionner et pour que jaillissent un son, une œuvre, une vision, un discours nouveau, profondément empreints de créolisation.

❖

En devenir... Petit têtard deviendra grenouille

Depuis l'annonce de la programmation partielle de la 40ᵉ Nuit sur l'Étang, je sens comme un malaise. Le premier malaise vient des petits ragots, des critiques feutrées. Le deuxième malaise vient du manque d'enthousiasme, ou pour être plus juste, du je-m'en-foutisme caractérisé de la communauté par rapport à cet anniversaire. Je sais que certains ont leurs doutes, leurs ras-le-bol de cette « grand-messe » où on serait sommé de dire amen au drapeau vert et blanc, fleurdelisé et fleurtrillé, leurs envies de meurtre, leurs rancœurs et autres mesquineries. Ce qui me choque, c'est que personne ne semble voir que cet anniversaire – et son succès – dépasse, de très loin, nos petits égos.

En disant cela, je ne tombe pas dans le discours narratif mythifié ou nostalgique d'une grande époque perdue. Bien au contraire, je crois que nous avons devant nous, en face de nous, en nous, la première génération de jeunes Franco-Ontariens aussi brillants que la gang de CANO. Un Christian Pelletier qui se démène comme un fou dans la communauté, l'homme invisible visible qui brasse les cages, les idées, et surtout réalise de beaux projets (We live up here) n'a rien à envier à un Gaston Tremblay. Est-ce que les Patricia Cano, David Poulin, Cindy Doire, Tricia Foster de ce temps ont quoi que ce soit à envier à un Robert Paquette ? Nos jeunes poètes, Daniel Aubin, Sonia Lamontagne, Daniel Groleau Landry, Guylaine Tousignant, n'ont rien à envier à ceux qui sont devenus – bien plus tard – des monstres sacrés, les Dalpé, Dickson et Desbiens. Ce que font Mélissa Rockburn et Miriam Cusson avec les Productions Roches Brûlées, et la prestation extraordinaire de France Huot sur les planches vaut largement les débuts sur scène d'un André Paiement. Pourquoi nier l'évidence ? D'où vient cette espèce de déni, voire de dénigrement, on se croirait en présence de clones de Kafka.

Est-il nécessaire de rappeler que si la gang CANO a autant marqué son époque, c'est parce que tout était à faire, tout était à construire, alors qu'aujourd'hui il s'agit de pérenniser nos institutions, peut-être aussi de les secouer, défi bien plus difficile à relever ? Faut-il rappeler que le contexte culturel d'alors était fort plus accueillant envers la création, en plein milieu du mouvement de la contre-culture américaine, alors qu'aujourd'hui nous devons faire face à un mouvement d'anti-culture ? Est-il nécessaire de souligner que la gang CANO n'aurait pu exister sans quelques jésuites allumés, alors qu'aujourd'hui les universités sont devenues des boîtes à fric où les pseudo-compétences managérialoprofessionnelles priment, et de loin, sur les savoirs et la culture ? Faut-il rappeler que, bien sûr, à l'époque le monde participait en masse parce qu'il n'y avait rien d'autre à faire que d'aller au seul party en ville, alors qu'aujourd'hui le monde est vautré dans son fauteuil devant un écran ?

Est-ce que personne ne se rend compte que certains Anglos, que les ministères, que les traîtres, coincés le pied dans le cadre de la porte, n'attendent qu'une chose : qu'on se plante, et si possible de façon monumentale ? Nous n'avons jamais été à un moment aussi important de notre histoire. Si nous ne pouvons réussir au moment même où nos artistes brillent, alors la messe est dite. Et dans quarante ans, il n'y aura pas de quatre-vingtième anniversaire. Moi, j'ai fait le choix de vivre à Sudbury ; j'ai fait le choix de me définir Franco-Ontarienne, pas seulement en souvenir de Robert, ni parce que je tripe à lire Jean Marc ; parce que je crois en vous et que vous êtes une belle gang ; parce que je veux que mes filles dans quarante ans soient sur scène à déclamer du Daniel Aubin, à performer un « Freedom Frogs Have Survived » ou à chanter du Patricia Cano.

❖

En guise de conclusion

J'ai voulu, dans les pages que vous venez de lire, poser des jalons, donner des instruments de réflexion, affirmer que, lentement mais sûrement, depuis une bonne quarantaine d'années, nous appréhendons un peu mieux qui nous sommes et vers quel avenir nous nous dirigeons.

Dans les prolégomènes, je vous ai présenté de nombreux concepts que je crois indispensables pour mieux saisir notre condition de minoritaires. Je vous ai proposé de regarder ce qui se passait ailleurs comme une invitation au voyage permettant de sortir de notre isolement. Que ce soit les *cultural studies* nées de la plume d'un Stuart Hall, sociologue britannique d'origine jamaïcaine ; ou Deleuze et Guattari, qui prennent l'exemple de Kafka, Juif tchèque de langue allemande, pour nous parler de littérature mineure ; ou encore Glissant, poète et penseur de la Caraïbe, qui se fait le chantre de la créolisation, ce petit tour d'horizon nous met en présence d'autres minoritaires et nous amène à comprendre que la distance qui sépare les périphéries de ce monde peut être habitée par nos imaginaires. Grâce à nos écrivains, poètes et dramaturges, nous participons au grand bouleversement qui agite la terre : les opprimés d'hier prennent la parole, sortent du gouffre, revendiquent leur place dans l'histoire. Nous ne nous en sortirons que si nous parvenons à bien saisir cette occasion : se mettre en Relation, échanger, reconnaître la diversité, rêver, imaginer, créer.

Le « centre du monde » – l'Occident, et ses grandes métropoles (Londres, Paris, New York) – ne comprend pas ce mouvement. Il en ressent les effets sans en appréhender les causes. Il est tellement habitué à être le centre, à imposer sa vision, à faire taire les minoritaires, à les opprimer, les discriminer, les inférioriser. Et ne nous trompons pas, en tant que Franco-Ontariens, nous faisons bien partie des peuples périphériques. Notre incapacité à résister et à nous épanouir vient du fait que nous nous sommes persuadés, tout autant qu'ils nous ont persuadés, et c'est une erreur, que nous faisons partie du monde occidental, avec tous les privilèges qui y sont rattachés. Mais c'est oublier que dans ce monde, on parle sa langue au quotidien sans avoir à se battre pour la faire respecter ; on a accès à toute la gamme possible et imaginable en éducation ; nos droits n'ont pas à être revendiqués. On vit, on ne survit pas. On n'a pas besoin de s'exiler. On ne se cherche pas une identité. Comprenez bien : sur papier – et dans votre cœur parce qu'on vous l'a martelé ainsi – vous êtes Canadien, un Occidental ; mais au quotidien, vous n'êtes que Franco-Ontarien, et par conséquent en dehors, décentré, à la périphérie du Nous canadien – qui ne se décline réellement qu'en anglais.

De la perspective des *cultural studies*, nous retiendrons avant tout qu'il n'existe pas une Culture mais des cultures. La nôtre, nous avons le droit de la cultiver. Nous pouvons en être fiers. Essentielle dans la définition de notre identité, elle nous appartient. Elle nous permet de faire lien avec le reste du monde et elle est ouverte sur l'Autre.

Du concept de littérature mineure, nous garderons à l'esprit que nous n'avons pas à avoir honte de notre langue, que notre langue n'est pas territorialisée et que cela nous donne, justement, la possibilité de s'inventer des imaginaires, des paysages d'images qui nous permettent d'envisager notre émancipation.

De la créolisation, nous avons appris que notre langue, tout comme notre culture, est belle et vivante parce qu'elle est métissée et colorée, faite d'emprunts. Être originaire du multiple, du rhizome, est une chance et non une damnation. Il serait vain de focaliser sur une origine, de chercher une racine, une souche unique. Cela nous enfermerait dans un discours passéiste et mortifère et nous empêcherait d'accepter que l'Autre se joigne à nous, à la *gang* des Franco-Ontariens. Nos mémoires, hétérogènes, se façonnent au fil des années, des personnes qui arrivent.

Tout cela contribue à la construction d'une communauté dynamique pour qui l'avenir est désormais possible. Accepter le caractère créolisé de notre culture et de notre identité nous inscrit dans le Tout-Monde, dans ce grand mouvement de l'histoire qui se déroule actuellement et qui remet en cause les divisions hiérarchiques des peuples et de leurs cultures, divisions qui ont classé l'humanité entre « civilisés » et « barbares ». Ce grand tourbillon contemporain, qui peut paraître effrayant, est aussi créateur de très belles choses.

J'ai affirmé avec force que pour saisir notre identité, il nous fallait écouter avec attention nos dramaturges, le chant et le cri de la poésie. Comme l'ont explicité des penseurs comme Deleuze et Guattari ou plus proche de nous, François Paré et Fernand Dorais, l'acte d'écrire en situation minoritaire est nécessairement politique. Nous ne sommes pas une communauté politique – en étant dépourvus d'un territoire propre, nous ne pouvons porter un projet politique d'autonomie ou d'indépendance. Nous ne sommes pas une communauté ethnique, à moins de tomber dans le piège de la racine unique – la souche –, et donc d'une définition racialisée et historicisante de notre identité qui aurait comme conséquence d'exclure *de facto* tous les immigrants francophones, d'où qu'ils viennent, ainsi que leur contribution à notre culture. Nous ne sommes pas une communauté linguistique, sinon qu'est-ce qui nous différencierait des centaines de millions de francophones de par le monde (certes, nous appartenons à la grande famille de la francophonie, mais cela ne fonde pas la communauté).

Nous sommes une communauté culturelle : c'est notre culture spécifique et distincte qui façonne le lien communautaire, et elle s'exprime avant toute chose par un corpus littéraire qui nous est propre et qui exprime – par la langue, par les thèmes, par les imaginaires – qui nous sommes. Il existe fondamentalement une « intimité », une « complicité » entre nos poètes et notre identité, comme le rappelle François Paré[1].

Je me suis attardée à examiner les conditions matérielles de la prise de parole, le contexte, les lieux dans lesquels l'éveil et le développement

---

[1] François Paré, *Les littératures de l'exiguïté*, Ottawa, Le Nordir, 2001, p.134.

de notre culture et identité s'étaient réalisés. C'est un des grands postulats de l'approche des *cultural studies*: les cultures ne se développent pas dans un vacuum mais dans des conditions précises. Nous avons par conséquent vu que l'émergence d'une culture franco-ontarienne dans le Nouvel-Ontario durant les années soixante-dix se produisait dans un contexte pluriel : sur la scène internationale, elle participe du mouvement de la contre-culture ; sur la scène nationale, elle est indissociable de l'implosion de l'identité canadienne-française ; sur la scène locale, elle bénéficie du soutien de quelques professeurs et jésuites engagés et du dynamisme d'une poignée de jeunes allumés talentueux. Les organismes (Théâtre du Nouvel-Ontario, Éditions Prise de parole, Galerie du Nouvel-Ontario) créés pour soutenir ce développement vont s'institutionnaliser au fil des années. Le processus d'institutionnalisation comprend plusieurs phases – de croissance, de stagnation, de pérennisation – selon les organismes. Une chose est certaine : plus de quarante ans après leur naissance, ils ont les reins solides et ils sont déterminés à s'adapter à un environnement en mutation perpétuelle. Ils se sont surtout engagés à soutenir les jeunes artistes à chaque génération. Ils ont également mis en place des mécanismes de collaboration permanente qui devraient mener à la création d'une Place des Arts, un lieu rassembleur pour tous les artistes et auditoires francophones et francophiles de Sudbury. Après avoir pris la parole, nous trouverions enfin notre place.

J'ai par ailleurs souligné que le contexte idéologique dans lequel nous évoluions ne nous était pas favorable. Nous nous attardons trop souvent aux grandes dates de l'histoire – la Proclamation royale de 1763, les rébellions de 1837, la création de la Confédération canadienne de 1867 – comme si ces événements représentaient des tournants majeurs autrement que sur le plan symbolique. Par là même, nous oublions qu'ils sont à la fois le résultat et le déclencheur de changements dans les façons de penser, dont les conséquences sont infiniment plus prégnantes sur nos vies. C'est la raison pour laquelle je me suis attardée au rapport Durham, dont les idées ont envahi l'esprit de générations de politiciens et se sont lentement et insidieusement diffusées dans la société. Les

Anglo-Canadiens ont largement pris pour acquis que la seule façon de régler le problème « linguistique », c'était l'assimilation ; et les Franco-Canadiens ont intériorisé qu'ils étaient inférieurs, des « ignares », des « sans histoire ». Ces idées sont toujours présentes, en filigrane. Nous avons tous vécu la situation au moins une fois dans notre vie, de nous trouver autour d'une table de réunion où il n'y a qu'un ou deux anglophones et une majorité écrasante de francophones. Que se passe-t-il ? Les anglophones s'attendent tout naturellement à ce que la rencontre se déroule en anglais et les francophones obtempèrent. On ne se pose même plus la question. C'est un exemple parmi d'autres au quotidien de « l'esprit Durham ». Et cet esprit est bien vivant et tenace au sein des gouvernements et agences gouvernementales. Nos artistes sont stigmatisés. Les modèles de gouvernance ne correspondent pas à notre situation de minoritaire ; les schémas de financements non plus. Cerise sur le gâteau, on ne peut pas dire que nos cousins du Québec nous portent assistance. Que ce soit de la part des nationalistes québécois ou de la part du fédéral, nous sommes instrumentalisés, tiraillés d'un bord ou de l'autre selon *leurs* besoins idéologiques spécifiques. Et malgré ce contexte sombre, chaque génération d'artistes a pris la parole et continué de créer.

L'objet de la dernière partie du livre est justement d'analyser quelques-uns des discours poétiques et esthétiques de la dernière génération, tout en soulignant les ruptures et les continuités avec les représentations artistiques précédentes. J'ai dû faire des choix difficiles, me concentrer sur quelques œuvres – nous n'aurons pas assez d'une vie pour toutes les analyser. J'espère pourtant avoir ouvert un chemin, que d'autres emprunteront en s'attardant sur différents auteurs. C'est ainsi que, petit à petit, nous parviendrons à une connaissance et à une conscience plus claire de qui nous sommes. Dans ces analyses littéraires hétérodoxes, j'ai mis en valeur les représentations du temps et de l'espace. J'ai opposé le territoire à l'espace, le territoire étouffant auquel on est enchaîné, qui présuppose la souche, la racine, la conquête qui fonde une identité d'exclusion. Il représente un passé dont nous n'avons pas à être fier et il ne permet pas d'envisager un futur. L'espace, au contraire, est infini, il connecte au monde, il est synonyme de liberté de passage, d'errance, d'exil, de détournement et de retour ; il est multiple, rhizome et fonde une identité d'inclusion. Il nous permet de nous projeter dans l'avenir et ouvre l'horizon des possibles.

Je me suis ensuite attelée aux discours dénonçant l'oppression et la marginalisation de notre communauté. Parce que la minorisation de notre communauté n'est pas que linguistique, elle est avant tout sociale et économique. Comme d'autres peuples minoritaires de par le monde, nous avons été exploités par un système économique dominé par les classes anglophones. Certes les choses changent, mais nous accusons toujours du retard en termes de formation postsecondaire, de salaires et de fonctions. L'émancipation de notre communauté n'est pas simplement une question de droits linguistiques, elle passe aussi par une dénonciation et une remise en cause de l'exploitation dont nous avons été l'objet.

J'ai par ailleurs montré comment les discours littéraires avaient intégré ces « autres qui n'en sont pas vraiment », les « nouveaux de la *gang* ». La littérature franco-ontarienne leur laisse une très grande place, quand elle n'est pas directement produite par eux. Cela démontre avec acuité le caractère créolisé de notre culture. C'est un élément d'une richesse infinie dont nous devrions être extrêmement fiers. Nous n'avons pas besoin de discours creux sur la diversité ou de fausses promesses multiculturalistes, nous sommes intrinsèquement divers et donc ouverts aux autres.

Enfin, je me suis intéressée aux discours et aux pratiques de jeunes artistes contemporains, parce qu'il me semble qu'ils expriment une prise de parole renouvelée. Dans un premier temps, j'ai proposé une comparaison des représentations chronotopiques chez Jean Marc Dalpé et Daniel Aubin. J'ai pu dégager que, d'une génération à l'autre, il existait aussi bien des ruptures que des continuités. Par ailleurs, cela m'a permis d'examiner plus en détails les rapports au temps, à l'espace et à la langue, de mieux saisir les tensions entre territorialisation, déterritorialisation et reterritorialisation, alors que chacune cherche avec plus ou moins de succès à s'extraire de la condition de minoritaire oppressé et opprimé.

Je crois que si l'espace de création actuel est tellement occupé, c'est qu'il trouve sa place à la fois à la marge et dans les institutions établies. C'est également dû au fait qu'il y a eu une forme d'apaisement, de réconciliation : les figures tutélaires de la culture franco-ontarienne n'ont pas été oubliées, elles laissent leur empreinte sur l'esthétique développée par les jeunes artistes, mais elles ne sont pas des ombres paralysant le travail de création.

Le plus marquant dans ces nouveaux discours, c'est l'implosion de l'obsession de la langue, le refus total, clair et net de devoir s'exprimer uniquement en français, de la dualité linguistique absolument fictive que l'école a essayé d'imposer (sans autre succès que de pousser un certain nombre à ne parler qu'en anglais...). Dorénavant, cette génération crée en français et en anglais, et souvent en collaboration avec des anglophones. Pour faire bonne mesure, elle construit des ponts, collabore avec des artistes autochtones. En un mot, elle embrasse la créolisation parce que cela va plus loin que de simples partenariats, parce que cela vient de plus profond, comme quelque chose de viscéral, qui remonte du fin fond des tripes. Ce n'est pas intéressé mais naturel ; il ne s'agit pas simplement de juxtaposer plusieurs langues, de traduire, mais plutôt de tout emmêler, de s'entrelacer, de s'enchevêtrer pour proposer une esthétique radicalement nouvelle. Bien entendu, cela en gêne plus d'un. François Paré l'explique fort bien à propos des littératures créoles : les dominants ne savent pas dans quelles boîtes les classer. L'oralité – qu'on ne peut pas contrôler – dérange quand elle s'empare des structures écrites hégémoniques – instrument de contrôle suprême des dominants[2]. Cette radicalité du discours poétique est une des voies de la libération, de l'émancipation des peuples minoritaires, peut-être la seule voie. J'irai plus loin, ajoutant qu'il s'agit également de « voix » parce que fondamentalement, ce qui rapproche tous les poètes et écrivains des quarante-cinq dernières années, ce qui les rapproche des poètes caribéens, de l'espace indien et d'autres marges du monde, c'est bien l'oralité. Dans les grandes divisions que l'humanité a subies – l'Occident contre l'Orient, le barbare contre le civilisé, le centre contre la périphérie, le sédentaire contre le nomade –, il existe aussi cette césure profonde entre cultures écrites et cultures orales. Ces divisions ont toujours supposé une hiérarchisation. Dans cette

---

[2] François Paré, *Les littératures...*, *op. cit.*, p. 61.

relation de pouvoir, les cultures orales ont été perçues comme inférieures, et ce pour deux raisons principales. Pendant longtemps, savoir écrire a été le privilège de quelques-uns, et valoriser l'écrit au détriment de l'oral permettait aux privilégiés de maintenir leur position de pouvoir. La deuxième raison a trait au contrôle : il est bien plus facile de contrôler l'écrit. Combien de textes, d'histoires, de mythes de sociétés humaines ont disparu, faisant par là même disparaître de nombreuses cultures. Mais les contes, les récits, les fables, les poèmes transmis oralement de génération en génération ont permis à des cultures minoritaires d'éviter l'anéantissement, de survivre, et parfois même de refleurir. La renaissance des cultures autochtones au Canada et ailleurs dans le monde en témoigne.

Nous ne sommes pas seuls, nous ne sommes pas isolés. Nous faisons partie d'une grande transformation historique, du renversement du monde tel qu'il est depuis cinq siècles, à savoir centré sur l'Occident et ses cultures livresques et ses langues dominantes. Si nous concevons que nous nous inscrivons dans ce mouvement, nous pourrons alors imaginer une infinie d'avenirs possibles.

En guise de postface
Lettre ouverte de Mon'Onc Jean Marc

Salut, salut, salut,

J'écris ceci peu après avoir franchi le cap des soixante ans (ouch!) et donc en assumant pleinement le titre (ô si peu glorieux) de Mon'Onc.

Né en 1957 en pleine guerre froide et pleine grande noirceur, l'année où *On the Road* est publié, que Miles Davis enregistre pour la première fois avec Gil Evans, que Bogie meurt, qu'Alger brûle, que Maurice Richard compte son cinq-centième but... bon, assez de Wikipedia, Mon'Onc, tu sais comment te servir d'Internet, on a compris, bravo now get on with it.

Shit.

Je recommence...

Salut, salut, salut,

À chaque génération de se/nous nommer souvent envers et contre la précédente mais toujours en prenant position face au péril *être ou ne pas/plus être* le lot des Franco-ci Franco-ça en terre d'Amérique qui s'apparente au péril d'autres minorités groupes ethnies cultures *why not just melt Just fuckin' melt melt melt and...*

...et parmi eux certains comme nous ont le pouvoir pas magique pantoute d'apparaître disparaître appear disappear into the night pour revenir entre ami(e)s autour d'une tablée d'alcools et de bières dans un salon chaleureux chez le poète ou avec de la musique chez le fantôme d'un lucky tootoo de la Louisiane Ô a ragin' a ragin' against that dying of the light!

À chaque génération de céder le micro passer le flambeau (aucune ne pouvant passer son tour!) et d'accepter que c'est aux enfants qui ne le sont plus de trancher maintenant de fixer les buts directions itinéraires de revoir même en profondeur les règles du jeu de peser les mérites du Passé Glorieux (ou sombre honteux frivole tragique) et de juger de la pertinence des vieux mots des anciens écrits en vers et/ou en prose avec ou sans accompagnement musical.

À chaque génération d'être. Et de choisir comment.

À chaque génération de se/nous réinventer mon/notre moi/nous hybride métis créolisant bâtard en voie d'extinction et de renaissance à chaque battement de cœur car...

    Que ce soit à la Vale
    La De Beers la Detour, la GoldCorp Porcupine,
    La Tembec la Columbia
    Pour GM Amazon Apple Microsoft Pour Timmy's Tommy's À temps plein ou à contrat
    Dessus ou sous la terre
    Sur la ligne à la chaîne ou avec la chainsaw
    Devant l'écran derrière le volant ou en haute mer ou à l'autre boutte du crisse de continent comme même dans le désert tsé de Gobi d'Arabie ou dans ton petit minuscule câlice de cubicule à marde que t'haïs tellement chaque battement de nos cœurs sert à remplir des poches de MAÎTRES qui sont autrement plus puissants que ceux d'hier.
    TELLEMENT PLUS PUISSANTS et donc...
    Bûcheuses, truckeux, serveuses, mineurs

Ti-cul Ti-pit Moineau Ouaron Sonia Éric Sister Elder Melchior Elkhana

Camarades chanteurs écrivaines compositrices Buddies Dharma Bums Lovers and / et Bouddhas Saintes Amantes Étoiles de hockey Mamans Cheftaines Intellectuelles Directrices de prod Coordonnatrices d'associations

On the road ou pas Au bout du chemin du pays ou pas

À chaque génération de surmonter l'épreuve de l'humiliation le jour où l'Autre te regarde de haut / te disqualifie parce que tu ne parles pas la bonne langue ou (pire !!!) pas de la bonne façon.

À chacun de gérer la honte d'être toi la quantité négligeable le moins que rien that funny person with the accent ou le pôvre anglicisé qui fait don' pitié À chacun de gérer sa réaction à ce que tu lis dans le regard (suffisant ? condescendant ? dégoulinant de compassion ?) de celui / celle devant toi Et ce qui te donne mal au ventre c'est peut-être de la COLÈRE, de la TRISTESSE, de la CONFUSION mais ça va te hanter pour longtemps et À chacun de gérer comment ensuite remonter à la surface et retrouver l'air.

À chaque génération et à chacun de choisir *I'm just gonna melt as best I can Fuckin melt melt melt* ou de choisir DE S'ARMER !

Euh... bon...

Avant de contacter Homeland Security la GRC le Devoir Rad-Can CBC... je ne parle pas ici d'armes qui font POW BANG BOUM de canons ou des patentes de destruction massive, ou même de Tasers de vaporisateurs de poivre de Cayenne ou de la classique matraque je parle de poésie.

Je parle de poésie.

Et donc (parce que oui ça vient avec) de tous les in out subtiles variations de notre / nos langue(s) Je parle de s'armer avec tout ce qui peut nous servir pour tenir tête à ceux qui dînent avec les juges (à TO MTL PARIS NY LONDON) et qui osent (ces câlices-là) nous juger Je parle de s'armer de poésie des gammes possibles même si peu plausibles voire incroyablement wild de syntaxes (tant que ça groove!) de vocabulaires multi continents à la croisée franco du Québ et du Jive Hot n' Cool Hip Hop Spoken' Word Shit, du Français de l'Hexagone et de ceux du Sénégal Mali Rwanda, du Cajin' de Bâton-Rouge et de la Cowboy poétrie from Edmonton to Galveston Sans oublier Villon Shakespeare Miron Desbiens et Leonard C *'cause that's how the light gets in : par la brèche.*

Get the picture La poignes-tu la gaffe

ARMEZ THE FUCK VOUS!!!

Parce que le monde joue dur, que le gars/gal on top ne te cèdera pas un pouce Ne te fera pas de cadeau Va te mettre les bâtons dans les roues juste pour le plaisir parce qu'il/elle a le POUVOIR DE LE FAIRE.

Et donc oui armez-vous pour vous défendre mais aussi et que cela reste entre nous...

Parce que c'est tellement le fun de les voir flancher (l'adjointe aux communications à Rad-Can, le prof péquiste de Rimouski, le directeur littéraire du 5ᵉ arrondissement) quand au lieu de s'incliner devant eux comme ils s'y attendent nous restons droit debout et le regard franc les prunelles dans les prunelles nous attaquons (en souriant ou pas) leur prétention de majoritaire dominant oppresseur Who's the asshole here and now mister Man? OK oui j'ai dû m'excuser parfois d'y avoir été un peu fort... mais seulement si j'ai vu dans leurs yeux que mon coup avait porté et qu'ils ne feraient plus la même erreur.

Le monde joue dur.

Mais il n'est pas qu'un champ de bataille. Et la poésie peut oui aussi servir à susciter le rire, à tisser des liens, à prier si tu veux, à célébrer la lune le soleil la lumière la mer et ses marées les débuts et les fins et le souffle et

Et ô que oui à séduire une belle un beau et donc à l'enchanter le / la chanter sa peau ventre yeux et nous mener au geste et en se touchant... à faire des bébés ! ! !

À chaque génération de produire la prochaine qui produira la prochaine qui...

Mon'Onc' Jean Marc
(Jean Marc Dalpé, février 2017)

P.-S. : Une dernière pensée de notre frère, François Villon. De sa ballade des pendus...
    Frères humains qui après nous vivrez
    N'ayez contre nous les cœurs endurcis

Bibliographie

ARENDT, Hannah, *Les origines du totalitarisme*, Paris, Gallimard, 2002 [1951].
AUBIN, Daniel, *Néologirouettes*, Sudbury, Prise de parole, 2012.
AUBIN, Daniel, *Plasticité*, Sudbury, Prise de parole, 2004.
BAKHTINE, Mikhaïl, *Esthétique et théorie du roman*, Paris, Gallimard, 1978.
DALLAIRE, Michel, *L'écho des ombres*, Ottawa, L'Interligne, 2004.
DALLAIRE, Michel, *Pendant que l'Autre en moi t'écoute*, Ottawa, L'Interligne, 2010.
DALPÉ, Jean Marc, *Eddy*, Montréal et Sudbury, Boréal et Prise de parole, 1994.
DALPÉ, Jean Marc, *Et d'ailleurs*, Sudbury, Prise de parole, 1984.
DALPÉ, Jean Marc, *Gens d'ici*, Sudbury, Prise de parole, 1981.
DALPÉ, Jean Marc, *Il n'y a que l'amour*, Sudbury, Prise de parole, 2011 [1999].
DALPÉ, Jean Marc, *Le chien*, Sudbury, Prise de parole, 2003 [1988].
DALPÉ, Jean Marc, *Les murs de nos villages*, Sudbury, Prise de parole, 1980.
DALPÉ, Jean Marc, *Un vent se lève qui éparpille*, Sudbury, Prise de parole, 1999.
DALPÉ, Jean Marc et Brigitte HAENTJENS, *1932, la ville du nickel – une histoire d'amour sur fond de mines*, Sudbury, Prise de parole, 1984.
DALPÉ, Jean Marc et Brigitte HAENTJENS, *Hawkesbury Blues*, Sudbury, Prise de parole, 1982.
DELÂGE, Denys, « Essai sur les origines de la canadianité », dans Eric Waddell (dir.), *Le dialogue avec les cultures minoritaires*, Sainte-Foy, Presses de l'Université Laval, 1999, p. 29-51.
DELÂGE, Denys, « L'influence des Amérindiens sur les Canadiens français au temps de la Nouvelle-France », *Lekton*, vol. 2, n° 2, automne 1992, p. 103-191.
DELEUZE, Gilles, *Pourparlers 1972-1990*, Paris, Éditions de Minuit, 2003 [1990].
DELEUZE, Gilles et Félix GUATTARI, *Kafka. Pour une littérature mineure*, Paris, Éditions de Minuit, 1975.
DELEUZE, Gilles et Félix GUATTARI, *Mille plateaux*, Paris, Éditions de Minuit, 1980.

DESBIENS, Patrice, *L'homme invisible / The Invisible Man*, suivi de *Les cascadeurs de l'amour*, coll. BCF, Sudbury, Prise de parole, 2008 [respectivement 1981, 1987]

DESBIENS, Patrice, *Poèmes anglais. Le pays de personne. La fissure de la fiction*, coll. BCF, Sudbury, Prise de parole, 2010 [respectivement 1988, 1995, 1997].

DESBIENS, Patrice, *Sudbury. Poèmes 1979-1985*, coll. BCF, Sudbury, Prise de parole, 2000 [comprend *L'espace qui reste*, 1979, *Sudbury Textes 1981-1983*, 1983, et *Dans l'après-midi cardiaque*, 1985].

DICKSON, Robert, *Humains paysages en temps de paix relative*, Sudbury, Prise de parole, 2002.

DICKSON, Robert, « "Les cris et les crisse !" : relecture d'une certaine poésie identitaire franco-ontarienne », dans Lucie Hotte et Johanne Melançon (dir.), *Thèmes et variations. Regards sur la littérature franco-ontarienne*, Sudbury, Prise de parole, 2005, p. 183-202.

DICKSON, Robert, « L'espace à créer et l'espace qui reste », *Revue du Nouvel-Ontario*, n° 4, 1982, p. 45-80.

DIMANCHE, Thierry, *Le milieu de partout*, Sudbury, Prise de parole, 2014.

DOLBEC, Nathalie, « La théorie du descriptif et ses applications à l'analyse du théâtre », dans Stéphanie Nutting et François Paré (dir.), *Jean Marc Dalpé. Ouvrier d'un dire*, Sudbury, Prise de parole, 2007, p. 79-96.

DORAIS, Fernand, *Le recueil de Dorais. Volume I – Les essais*, textes réunis et présentés par Gaston Tremblay, Sudbury, Prise de parole, 2011.

FANON, Frantz, *Les damnés de la terre*, Paris, La Découverte, 2002 [1961].

FANON, Frantz, *Peau noire, masques blancs*, Paris, Seuil, 1952.

FEBVRE, Lucien et François CROUZET, *Nous sommes des sang-mêlés. Manuel d'histoire de la civilisation française*, présentation de Denis et Élisabeth Crouzet, Paris, Albin Michel, 2012 [1953, non publié en français].

GALINSKY, Adam *et al.*, « The Reappropriation of Stigmatizing Labels: Implications for Social Identity », *Research on Managing Groups and Teams*, vol. 5, 2003, p. 221-256.

GÉRIN-LAJOIE, Diane, « Le rôle du personnel enseignant dans le processus de reproduction linguistique et culturelle en milieu scolaire francophone en Ontario », *Revue des sciences de l'éducation*, vol. 28, n° 1, 2012, p. 125-146.

GLISSANT, Édouard, *Introduction à une poétique du divers*, Paris, Gallimard, 1996.

GLISSANT, Édouard, *Poétique de la relation. Poétique III*, Paris, Gallimard, 1990.

GLISSANT, Édouard, *Traité du Tout-monde. Poétique IV*, Paris, Gallimard, 1997.

GROLEAU LANDRY, Daniel, *Rêver au réel*, Ottawa, L'Interligne, 2011.

HALL, Stuart, « The Formation of a Diasporic Intellectual: An Interview with Stuart Hall by Kuan-Hsing Chen », dans David Morley et Kuan-Hsing Chen (dir.), *Stuart Hall: Critical Dialogues in Cultural Studies*, Londres, Routledge, 1996, p. 484-505.

HALL, Stuart, « Introduction: Who Needs "Identity"? », dans Stuart Hall et Paul du Gay (dir.), *Questions of Cultural Identity*, Londres, Sage, 1996, p. 1-17.

HALL, Stuart, « Negotiating Caribbean Identities », *New Left Review*, vol. 205, 1995, p. 3-14.

HALL, Stuart, *Identités et cultures. Politiques des cultural studies*, édition établie par Maxime Cervulle, Paris, Éditions Amsterdam, 2008.

HALL, Stuart, *Identités et cultures 2. Politiques des différences*, édition établie par Maxime Cervulle, Paris, Éditions Amsterdam, 2013.

HOTTE, Lucie, « Littérature et conscience identitaire : l'héritage de CANO », dans Andrée Fortin (dir.), *Produire la culture, produire l'identité ?*, Sainte-Foy, Presses de l'Université Laval, 2000, p. 53-68.

JENKINS, Barbara, « Cultural Spending in Ontario, Canada: Trends in Public and Private Funding », *International Journal of Cultural Policy*, vol. 15, n° 3, 2009, p. 329-342.

KEMEID, Olivier, *Five Kings : l'histoire de notre chute*, Montréal, Leméac, 2015.

KEROUAC, Jack, *Sur la route*, Paris, Gallimard, 1960 [1957].

KNOWLES, Ric, *Theatre and Interculturalism*, New York, Palgrave, 2010.

KUZMICS, Helmut, « Sociology as Narrative: Examples of Sociological Language in "Classic" Texts », dans Debra Hopkins, Jochen Kleres, Helena Flam et Helmut Kuzmics (dir.), *Theorizing Emotions*, Francfort et New York, Campus Verlag, 2009, p. 95-119.

LAFON, Dominique, « D'un genre à l'autre », dans Stéphanie Nutting et François Paré (dir.), *Jean Marc Dalpé. Ouvrier d'un dire*, Sudbury, Prise de parole, 2007, p. 21-46.

LAMBTON, John, Charles BULLER et Edward WAKEFIELD, *Le rapport Durham*, trad. de l'anglais par Denis Bertrand et Albert Desbiens, Montréal, Éditions Sainte-Marie, 1969 [éd. anglaise, 1839].

LAMONTAGNE, Sonia, *À tire d'ailes*, Sudbury, Prise de parole, 2011.

LEROUX, Louis Patrick, « L'influence de Dalpé », dans Stéphanie Nutting et François Paré (dir.), *Jean Marc Dalpé. Ouvrier d'un dire*, Sudbury, Prise de parole, 2007, p. 293-305.

LEVAC, Roger, *L'anglistrose*, Sudbury, Prise de parole, 1994.

MARX, Karl, *Le Capital, Tome III*, Paris, La Pléiade, 1982 (trad. de l'allemand par Louis Évrard *et al.*).

Moss, Jane, « "Give the ladies a break" : les femmes de Jean Marc Dalpé », dans Stéphanie Nutting et François Paré (dir.), *Jean Marc Dalpé. Ouvrier d'un dire*, Sudbury, Prise de parole, 2007, p. 189-207.

O'Neill-Karch, Mariel, *Théâtre franco-ontarien. Espaces ludiques*, Ottawa, L'Interligne, 1992.

O'Neill-Karch, Mariel, « Préface », dans Jean Marc Dalpé, *Le chien*, Sudbury, Prise de parole, 2003 [1988], p. 7-19.

Ouellet, François, « La fiction du bâtard chez Jean Marc Dalpé : dire l'homogène », dans Stéphanie Nutting et François Paré (dir.), *Jean Marc Dalpé. Ouvrier d'un dire*, Sudbury, Éditions Prise de parole, 2007, p. 225-241.

Ouellette, Michel, *French Town*, Ottawa, Le Nordir, 2008 [1994].

Ouellette, Michel, *Requiem* suivi de *Fausse route*, Ottawa, Le Nordir, 2001.

Ouellette, Michel, *Le testament du couturier*, Ottawa, Le Nordir, 2008.

Ouellette, Michel, *La guerre au ventre*, Ottawa, Le Nordir, 2011.

Ouellette, Michel, *ABC Démolition*, Sudbury, Prise de parole, 2013.

Paiement, André, *Les partitions d'une époque, vol. 1. Les pièces d'André Paiement et du Théâtre du Nouvel-Ontario (1971-1976)*, préf. de Joël Beddows, Sudbury, Prise de parole, 2004.

Paiement, André, *Les partitions d'une époque, vol. 2. Les pièces d'André Paiement et du Théâtre du Nouvel-Ontario (1971-1976)*, préf. de Joël Beddows, Sudbury, Prise de parole, 2004.

Paré, François, *La distance habitée*, Ottawa, Le Nordir, 2003.

Paré, François, *Les littératures de l'exiguïté*, Ottawa, Le Nordir, 2001 [1992].

Paré, François, *Théories de la fragilité*, Ottawa, Le Nordir, 1994.

Perrier, André (dir.), *Contes sudburois*, Sudbury, Prise de parole, 2001.

Pichette, Marie-Hélène, *Musique populaire et identité franco-ontariennes. La Nuit sur l'étang*, Sudbury, Société historique du Nouvel-Ontario et Prise de parole, 2001 (documents historiques n° 97).

Pronovost, Annie, « Et si nous pouvions dire autre chose de Deleuze et Guattari ? », dans Lucie Hotte (dir.), *La littérature franco-ontarienne : voies nouvelles, nouvelles voix*, Ottawa, Le Nordir, 2002, p. 14-34.

Poliquin, Daniel, *L'Obomsawin*, Montréal, Bibliothèque québécoise, 1999 [1987].

Røyseng, Sigrid, « Arts Management and the Autonomy of Art », *International Journal of Cultural Policy*, vol. 14, n° 1, 2008, p. 37-48.

Ruddick, Sara, *Maternal Thinking*, Boston, Beacon Press, 1995.

Saucier, Jocelyne, *Jeanne sur les routes*, Montréal, Éditions XYZ, 2006.

Savard, Pierre, Rhéal Beauchamp et Paul Thompson, *Cultiver sa différence : rapport sur les arts dans la vie franco-ontarienne*, présenté au Conseil des arts de l'Ontario, 1977.

STEEDMAN, Mercedes, Peter SUSCHNIGG et Dieter K. BUSE (dir.), *Hard Lessons: The Mine Mill Union in the Canadian Labour Movement*, Toronto, Dundurn Press, 1995.

THÉÂTRE de la Vieille 17 (collectif), *Les murs de nos villages* (précédé de *La parole et la loi* du Théâtre de la Corvée), coll. BCF, Sudbury, Prise de parole, 2007 [1983].

TOUSIGNANT, Guylaine, *Carnets de déraison*, Sudbury, Prise de parole, 2005.

TREMBLAY, Gaston, « Celui qui implose dans le vacuum. De la difficulté de survivre dans le vacuum », *Voix plurielles*, vol. 1, n° 1, 2004, p. 1-15.

TREMBLAY, Gaston, *L'écho de nos voix*, Sudbury, Prise de parole, 2003.

TREMBLAY, Gaston, *Prendre la parole. Le journal de bord du Grand CANO*, Ottawa, Le Nordir, 1995.

VALLIÈRES, Pierre, *Nègres blancs d'Amérique*, Montréal, Parti pris, 1966.

WALTER, Henriette, *L'aventure des mots français venus d'ailleurs*, Paris, Livre de proche, 1999.

Table des matières

Remerciements 9
Trop long avant-propos 11
    Robert 18
I – Prolégomènes (vraiment longs) 21
    Cultural studies : prendre la parole à partir d'un lieu 21
    Fernand Dorais et les *cultural studies* 26
        Nous sommes toujours des minoritaires...27
        Il existe une nouvelle prise de parole 28
        Mensonge institutionnel et mensonge affectif 28
    Littérature mineure 30
        Une langue déterritorialisée 30
        Tout y est politique..32
        Une valeur collective..33
        Choix de langues 34
    Littérature franco-ontarienne :
    bref retour sur l'analyse de François Paré 35
    Créolisation 40
        La créolisation comme réponse aux barbaries 40
        Trois Amériques..43
        Rhizome versus racine, culture composite versus culture atavique 47
    Pour le joual franco-ontarien 49
        La langue française ou les langues françaises...50
        Le franco-ontarien est une des langues françaises 52
        Le multilinguisme :
            nous existons en présence de toutes les langues du monde................54
        Un archipel de langues...55
            Vous avez dit schizophrénie linguistique ? 57

Contre la race ! Contre le drapeau ! 60
   Alors sommes-nous une « race »,
      une communauté, une nation, un peuple ? 60
   De certains travers à éviter 62
   Dépasser le drapeau 63

II – Les conditions matérielles de la prise de parole 65

CANO – À l'origine de notre identité culturelle 65
Que l'on nous préserve...
   et nous serons bénis d'entre toutes les minorités 67
   Pourquoi notre « préservation » est-elle importante politiquement ? 67
   Lord Durham (ou la formation de l'habitus canadien) 68
   Redéfinition identitaire obligée (les Franco-Bidules) 71
   Les arts et la culture dans les *Feuilles de route*
      pour « préserver » les CLOSM 72
   Quand le Conseil des arts du Canada
      fait la part belle aux Anglo-Québécois 74
   Ce n'est pas tous les jours facile d'être un *picloté* 75
   And What's Ontario Doing? 77
De jeunes poètes pas si optimistes 80
Trajectoires professionnelles 87
   De l'importance des artisans 87
   De l'institutionnalisation 89
   C'est pas l'embarras du choix, c'est que l'embarras...
      Montréal ou manager, il faut choisir 91
Réinscrire la culture, le lieu et l'identité :
   entre espoirs et imagination institutionnelle 95

III – Listen to the poets ! 99

Travail et territoires
   dans les œuvres de Jean Marc Dalpé et Daniel Aubin 99
   Genre et professions 99
   Le monde ouvrier, la lutte des classes et l'identité franco-ontarienne 102
   Le « rêve américain » de la réussite professionnelle
      et les identités diasporiques 110
   Nouveaux territoires et nouvelles professions :
      les dilemmes identitaires chez Daniel Aubin 114
   Trois solutions ? 117
Perspectives chronotopiques :
   dialogue imaginaire entre Dalpé et Aubin 120
   When we were Nigger-Frogs 120

French Frogs on the go	124
Freedom Frogs (2003)	129
Let's evolve and be Freedom Frogs	131
Freedom Frogs part II	131
Words Fail	134
Alors, au bout de la route ou dans l'océan, y a-t-il un espoir d'émancipation ?	138
DIGRESSION THANATONIQUE... TUER LE PÈRE	140
CES AUTRES QUI N'EN SONT PAS VRAIMENT ET QUI FONT PARTIE DE NOUS	142
Nickel	143
L'*Indien*... et surtout l'*Indienne*	147
Ô que l'ironie est révélatrice...	
L'absence des Métis... ou la négation de soi	149
Moi maudite Française devenue Franco-Ontarienne	152
IV – UNE NOUVELLE PRISE DE PAROLE	**155**
NOWHERE DU NORD	155
Généalogie d'un projet	155
Choix artistiques de la metteure en scène	155
Un tournant majeur	158
35 ans plus tard	160
Réponse à une lettre ouverte de Robert Dickson	160
Réponse à une lettre ouverte de Miriam Cusson	162
DANIEL AUBIN POÈTE PUBLIC	165
Une poésie politique	165
French Fest 2015	166
Fête de la culture	169
Un poète engagé dans la Cité	171
Un artiste nomade	172
En français et en anglais, does it matter ?	173
En devenir... Petit têtard deviendra grenouille	175
EN GUISE DE CONCLUSION	**177**
EN GUISE DE POSTFACE LETTRE OUVERTE DE MON'ONC JEAN MARC	**185**
BIBLIOGRAPHIE	**191**

www.ingramcontent.com/pod-product-compliance
Lightning Source LLC
Chambersburg PA
CBHW070612170426
43200CB00012B/2672